AF344844

Informatique Quantique

Collection « 60 min pour comprendre »

Franck FRANCHIN

DÉDICACE

à M. Jacques BOUCHER,
mon professeur de physique des semi-conducteurs à l'ENSEEIHT
qui parvint à me faire aimer les Maths
pour mieux comprendre la Physique.

TABLE DES MATIÈRES

REMERCIEMENTS

Charles Beigbeder, Dr. Alessandro Curioni, Gaëlle Dussutour,
Fabrice Delaye, Alina Yasynenko

BIENVENUE DANS L'ÈRE QUANTIQUE

« *Les électrons sont des particules. La lumière est une onde* ». Pendant trop longtemps, cette vision incomplète de la nature a freiné notre imagination et restreint ce que nous pensions pouvoir faire avec la technologie. Mais cela est sur le point de changer.

L'informatique classique a extrêmement bien servi la société. Elle nous a apporté Internet et le commerce sans numéraire. Elle a envoyé des hommes sur la Lune, mis des robots sur Mars et des smartphones dans nos poches. Cependant, nombre des plus grands mystères du monde et potentiellement des plus grandes opportunités restent hors de la portée des ordinateurs classiques. Pour continuer à progresser au même rythme, nous devons compléter l'approche classique par une nouvelle plateforme, qui suit son propre ensemble de règles. C'est ce qu'on appelle l'Informatique Quantique.

Les ordinateurs quantiques sont des machines incroyablement puissantes qui adoptent une nouvelle approche en matière de traitement de l'information. Construits sur les principes de la mécanique quantique, ils exploitent des lois de la Nature complexes et fascinantes qui sont toujours présentes, mais restent généralement invisibles. En exploitant un tel comportement de la Nature, les ordinateurs quantiques peuvent exécuter de nouveaux types d'algorithmes pour traiter les informations de manière plus globale. Ils pourraient un jour conduire à des avancées révolutionnaires dans la découverte de médicaments et de matériaux, à l'optimisation de systèmes complexes conçus par l'homme, tels que les chaînes d'approvisionnement, les risques financiers et l'intelligence artificielle.

Nous nous attendons à ce qu'ils ouvrent des portes qui, nous pensions, resteraient verrouillées indéfiniment.

Imaginez que vous puissiez voyager dans le temps pour mieux vous préparer à l'essor d'Internet ou des téléphones portables. C'est l'opportunité qui existe actuellement avec l'Informatique Quantique.

C'est pourquoi IBM a mis le premier ordinateur quantique au monde à la disposition de tous dans le Cloud et pourquoi nous avons créé IBM Q, le premier programme commercial du secteur visant à créer un ordinateur quantique universel. L'objectif est de s'assurer que tout le monde, des étudiants aux PDG, soit « prêt pour le quantique ».

Chez IBM, nous trouvons véritablement passionnante la perspective d'explorer toutes les possibilités de l'Informatique Quantique. Et nous espérons que vous aussi.

Dr. Alessandro Curioni
IBM Fellow, Vice-Président, Europe et
Directeur IBM Research - Zurich

C'est lors de la décennie extraordinaire 1920-1930 que naquit la mécanique quantique. Il y a bientôt un siècle, des géants théorisèrent le comportement de la matière à l'échelle atomique, et furent confirmés par l'expérience. C'est presque tout notre monde moderne qui en est redevable : fission atomique, transistor puis laser, disque dur, bref tout ce qui fonde notre électronique, et donc l'ensemble de la société numérique.

Au niveau théorique, ces premiers temps glorieux furent suivis d'une sorte d'« hiver quantique » pendant lequel les physiciens, probablement troublés par la controverse Bohr-Einstein sur l'éventuelle incomplétude de la mécanique quantique, ne cherchèrent pas à approfondir les conséquences de cette nouvelle physique sur le comportement des particules en tant qu'entités individuelles.

Il fallut attendre en effet les années 80 pour que les fameuses expériences du physicien français Alain Aspect, s'appuyant sur les travaux de son confrère irlandais John Bell, tranchent la question et confirment les étranges propriétés des particules individuelles découlant de la théorie quantique : superposition et intrication.

Ainsi entra-t-on dans la seconde révolution quantique ! dont nous ne percevons encore que l'écume de la vague qui arrive.

En métrologie et en imagerie, les applications sont immédiates. Fondés sur l'interférométrie mono-particule, ce sont de nouveaux senseurs quantiques extrêmement performants, pour beaucoup déjà opérationnels, qui ont été imaginés, afin d'acquérir certaines quantités comme les champs magnétiques (nouveaux IRM), les accélérations (nouveaux gravimètres et gyroscopes), en gagnant plusieurs ordres de grandeur. Un projet prometteur projette de tirer parti des fluctuations quantiques de photons uniques pour augmenter la sensibilité de Ligo et Virgo (enregistreurs d'ondes gravitationnelles).

Un autre domaine d'application court terme est le chiffrement. Le caractère linéaire de la superposition et la super-corrélation qu'offre l'intrication interdisent en effet toute réplication à l'identique du qubit, ce nouveau porteur d'information, infiniment plus riche que le bit binaire, permettant ainsi de sécuriser parfaitement tout échange d'information.

La Chine a d'ailleurs décidé de faire le grand saut en avant de la cryptographie quantique et investit massivement dans la construction d'un réseau de communication quantique reliant ses centres stratégiques. Partout sur la planète, c'est un vrai bouillonnement de publications scientifiques et de créations de nouvelles entreprises que l'on peut observer sur ces nouvelles technologies du chiffrement. La NSA, l'ANSSI et leurs équivalents revoient leurs protocoles. Et l'Europe pourrait bientôt bâtir elle aussi un réseau Internet Quantique !

Enfin, bien entendu, c'est dans le calcul de haute performance que l'on attend beaucoup du quantique. Là aussi, c'est la combinaison du principe de superposition et de la propriété d'intrication qui permet de concevoir de nouveaux algorithmes pour résoudre les problèmes les plus complexes car effectués de façon parallèle et simultanée. Certes, pour une mise en application à grande échelle, des progrès doivent être réalisés dans la manipulation des objets quantiques individuels de façon à limiter la perte de qualités purement quantiques. Mais la grande nouveauté est que nous sommes désormais passés du stade de la validation scientifique à l'heure de l'ingénierie et de l'industrialisation de produits, de la création de start-ups, du dépôt de brevets, de la recherche de clients, du recrutement de talents.

Franck Franchin, que j'ai bien connu à mes débuts de créateur d'entreprises, passionné par cette révolution, nous fait découvrir ce nouveau monde avec pédagogie et réalisme, sans céder à la tentation facile du rêve utopique tout en dessinant les perspectives vertigineuses de ces nouvelles technologies.

Charles Beigbeder
Fondateur Quantonation

INTRODUCTION

Ce fascicule est le support naturel des conférences éponymes que je donne en France et en Suisse depuis quelques années. Il est aussi le fruit des remarques, critiques et encouragements de celles et ceux que j'ai eu le plaisir de rencontrer pendant ces sessions de 60 minutes, dynamiques et enrichissantes.

Cet ouvrage est donc destiné à tous ceux qui s'intéressent à l'Informatique Quantique et qui veulent en comprendre les enjeux, de manière synthétique et didactique, sans devoir se replonger dans des cours d'algèbre linéaire ou de physique fondamentale. La physique et la mécanique quantiques sont nées grâce aux Mathématiques.

Pour ceux qui sont à l'aise avec ces notions mathématiques complexes et qui souhaitent vraiment appréhender le pourquoi et le comment de l'Informatique Quantique, ce n'est pas le bon livre. Je donne plusieurs références d'excellents ouvrages dans la partie Bibliographie. Pour les plus volontaires d'entre vous, je ne saurais que trop recommander la bible universitaire sur le sujet, écrite par Michael Nielsen et Isaac Chuang [1].

Les chapitres qui vont suivre vont vous faire découvrir ce nouveau paradigme en vous faisant prendre des chemins volontairement balisés.

D'aucuns pourront trouver que les propos sont simples, voire simplistes et parfois légèrement erronés par rapport à la réalité scientifique. C'est un choix que j'assume dans un esprit de vulgarisation. Ce mot français (du latin *vulgaris*) signifie « *qui est relatif au commun des Hommes, à la foule* » bien qu'il prenne hélas souvent de nos jours le sens anglais « *rendre trop simple en perdant l'essence d'une notion de science et d'art, pour le mettre à la portée de toutes les intelligences* ». (Wikipedia).

Les Chapitres peuvent être lus sans en respecter l'ordre, bien que je recommande une lecture linéaire. À la fin de chaque Chapitre, vous trouverez une Synthèse qui reprend les points clés abordés dans le Chapitre. De temps en temps, un encart aborde un sujet particulier, qui n'est pas indispensable à la compréhension des concepts du Chapitre.

L'ouvrage se termine sur une annexe technique qui permet aux plus téméraires d'entre vous d'acquérir les bases mathématiques de l'Informatique Quantique.

J'ai fondé et anime VoltaNode, une société franco-suisse de conseil en technologies et en innovation qui travaille principalement avec des investisseurs, des sociétés de capital-risque, des incubateurs et des grandes entreprises. Les sujets que nous abordons sont l'IoT, la Cybersécurité, l'Intelligence Artificielle et bien évidemment l'Informatique Quantique.

Nous avons commencé à travailler sur le quantique il y a quasiment dix ans, principalement sur les aspects liés à la cybersécurité (cryptographie et Internet quantique). Dès 2010, tout s'est accéléré : communauté, simulateurs, outils, barrières technologiques qui sautent. Même s'il reste encore énormément de travail à réaliser et de sauts technologiques à accomplir, toutes les parties prenantes sont confiantes dans cette dynamique positive.

Dans les chapitres qui vont suivre, je vais essayer de démystifier l'Informatique Quantique, en vous donnant les clés nécessaires à la compréhension de cette nouvelle rupture technologique et à l'appréciation de son impact possible sur votre entreprise, ses fournisseurs et ses clients.

L'Informatique Quantique, si vous me permettez l'expression, c'est un peu comme le sexe chez les ados. Beaucoup en parlent mais peu ont réellement pratiqué.

Permettez-moi donc de citer la métaphore de Thierry Breton, CEO d'Atos, société française fortement impliquée dans l'Informatique Quantique. Pour expliquer l'*effet quantique*, il prend l'exemple d'une salle remplie de mille personnes, où on souhaite trouver une personne mesurant plus de 1m80 et parlant anglais. Avec l'Informatique classique, on doit interroger chaque personne une par une pour savoir si elle mesure plus de 1m80 et si elle parle anglais. C'est un processus long et fastidieux. En Informatique Quantique, tout se passe comme si on lançait un appel général : « *Les personnes mesurant plus de 1m80 et parlant anglais peuvent-elles lever la main ?* ». On obtient ainsi la réponse quasi instantanément. Thierry Breton parle de calcul *holistique* et non plus *séquentiel*.

Certains assurent que cette nouvelle technologie va bientôt changer le monde, d'autres tempèrent en précisant que les applications sont extrêmement limitées. Ma vision (actuelle) se situe entre ces deux points de vue et je vais essayer de vous faire partager ce sentiment tout au long des chapitres.

Rappelons-nous le premier pas de l'Homme sur la Lune. Au terme d'une course effrénée, politique et technologique, entre l'URSS et les États-Unis, ces derniers, qui avaient pourtant pris du retard, parviennent à réaliser cet exploit pour l'Humanité. Les challenges technologiques étaient énormes : le lanceur Saturn V, les protections contre les radiations et les météorites, les propulseurs qui devaient fonctionner à 3 300°C, les scaphandres, sans parler des ressources informatiques en calcul, bien limitées à l'époque. Je me rappelle d'ailleurs encore la salle de contrôle où se tenaient les ingénieurs devant leurs écrans (de TV, pas d'ordinateur), en train d'utiliser leurs règles à calcul. Pourtant, 50 ans plus tard, cette belle aventure scientifique a encore des retombées quotidiennes sur notre vie.

Les pionniers de l'Informatique Quantique font face aux mêmes types de challenges et de défis technologiques à relever. Pour le non-initié, il est difficile d'appréhender cette complexité transdisciplinaire : mathématiques, physique quantique, physique des particules, physique de la matière, chimie, métallurgie, cristallographie, cryogénie, mécanique et bien évidemment informatique. Le niveau d'expertise dans chaque domaine est très élevé mais surtout chaque intervenant doit comprendre le métier des autres car les solutions sont souvent transdisciplinaires.

Pour reprendre un thème cher à Star Trek, permettez-moi, grâce à ces quelques lignes, de vous emmener « *en route vers l'inconnu… * »

1.   LOLCAT QUANTIQUE

Tout a commencé par une affaire de chat, une sorte de LOLCAT.

La faute donc au chat de M. Erwin Schrödinger, physicien autrichien illustre et un des pères fondateurs de la mécanique quantique.

Attention aux âmes un peu sensibles, un animal risque d'être blessé ou tué dans la suite de ce chapitre.

Schrödinger imagina l'expérience suivante : Si on place un chat dans une caisse opaque et scellée avec un système machiavélique qui a 50% de chances de tuer le chat dans les prochaines 60 minutes, quel sera l'état du chat au bout de ce temps écoulé ?

Figure 1 : L'expérience du chat de Schrödinger

La première approche, la plus intuitive, consiste à dire que le chat sera soit mort soit vivant.

Mais selon les principes de la physique quantique, juste avant l'instant où on ouvre la caisse pour vérifier, le chat est *à la fois* vivant *et* mort, à ce même moment !

Ce n'est que lorsque la boîte est réellement ouverte que l'état du chat est réellement défini : vivant *ou* mort. Avant l'ouverture de la boîte, l'état du chat n'est qu'une probabilité : 50% vivant et 50% mort.

Ce principe s'appelle le principe de la **superposition**.

En conclusion, c'est un peu comme quand vous faites tomber votre smartphone à 1000 euros face contre le sol : il est à la fois cassé et intact jusqu'au moment où vous vérifiez son état !

Le principe de la superposition est la conséquence d'un autre principe : celui de la dualité onde-corpuscule.

Selon nos cursus scolaires, on a tous fait, plus ou moins, de la physique. Rappelons-nous les fameux photons, ces grains de lumière qui nous entourent, ces sortes de boules d'énergie minuscules qui frappent notre corps sans qu'on les sente.

Isaac Newton, le fameux physicien du XVIIIème siècle, à qui on doit les bases de la mécanique classique (pas celle des voitures, mais celle des planètes, des pomme qui tombent, etc..), croyait que la lumière était un flot de matières, de particules. Il contredisait un autre physicien, Huygens, qui pensait, lui, que la lumière était une onde.

Il fallut attendre le début du XIXème siècle pour que Thomas Young prouve que la lumière est une onde, un peu comme les jolies vaguelettes laissées par le caillou qu'on jette dans l'eau.

Mais alors qui avait raison ? Newton ou Huygens/Young ?

C'est le binôme Einstein et Max Planck qui mit tout le monde d'accord en 1905, en démontrant un des concepts clés de la physique quantique : **la dualité onde-corpuscule**.

Le photon est donc à la fois une onde et une particule (corpuscule).

Une manière de se représenter ce concept est de se rappeler ces fameux jeux en bois ou en plastique de premier âge où l'enfant doit faire entrer des formes dans les découpes d'une boîte. Le photon est une sorte de cylindre en bois. Selon le sens, le cylindre pourra entrer dans une découpe en forme de cercle ou dans une découpe en forme de rectangle.

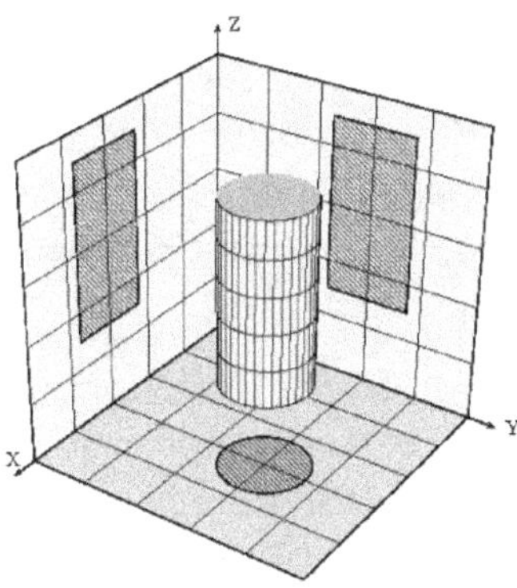

Figure 2 : Dualité du photon

Ce principe de superposition existe aussi en mécanique classique : si vous jouez de deux cordes simultanément sur une guitare, on peut considérer que l'air autour des deux cordes « vibre » en superposition sur ces deux notes qui sont des ondes. Toutefois, il existe une grande différence avec la physique quantique : si vous jouez un accord sur les 6 cordes d'une guitare, vous obtenez une superposition de 6 états (ou notes). En quantique, vous auriez obtenu l'équivalent de 2^6 états, soit 128 états. Nous y reviendrons.

Les principes de la Mécanique Quantique ont été posés au début du XXème siècle par deux grands savants, Paul Dirac [1] et John von Neumann [2]. Ces principes demeurent encore aujourd'hui quasiment inchangés. Ils sont tellement peu intuitifs et surprenants que même Einstein avait émis des doutes sur certains aspects de la Physique Quantique. C'est un physicien français, Alain Aspect, qui confirma ces principes dans les années 60.

Pourtant cette Physique Quantique ne nous est pas étrangère. Le transistor, le circuit intégré et le laser sont basés sur ces principes qui ont bâti la première révolution informatique du XXème siècle. C'est leur compréhension tant mathématique, physique et technologique qui est en train de nous mener à ce nouveau palier d'évolution technologique, l'Informatique Quantique.

Les états quantiques dont nous parlons peuvent correspondre à la **polarisation** d'un photon ou au **spin** d'un électron. Au niveau atomique et subatomique, c'est un peu plus compliqué.

Le spin est une propriété quantique intrinsèque d'une particule liée à son moment angulaire ou cinétique, c'est-à-dire l'état de rotation de la particule. Cette propriété est aussi importante que la masse ou la charge électrique de la particule. Elle n'a aucun équivalent en physique classique. On peut essayer de se représenter ce moment cinétique quantique comme si la particule avait une forme de bille qui tournerait sur elle-même par rapport à un axe dans le sens de sa propagation. Ce n'est qu'une image car la réalité est bien plus complexe. En particulier, si l'exemple de la bille était vrai, certains éléments de la bille devraient tourner à une vitesse supérieure à celle de la lumière, ce qui est impossible, comme vous le savez.

Le photon n'a pas de masse. Sa polarisation peut être comprise, de manière très simplifiée, comme une sorte d'orientation circulaire vers la droite (horaire) ou vers la gauche (anti-horaire), comme s'il se propageait sous la forme d'une hélice. Son spin est égal à 1. Pour la petite historie, le photon est une particule coriace dont la durée de vie est de 10^{18} années.

À la différence du photon, l'électron, qui est un fermion, a une masse et un spin de ½.

SYNTHÈSE

- ✓ LE PRINCIPE DE SUPERPOSITION EST LA CLÉ DE L'INFORMATIQUE QUANTIQUE

- ✓ L'INFORMATIQUE QUANTIQUE EST BASÉE SUR DES PRINCIPES STATISTIQUES, C'EST-À-DIRE SUR LA PROBABILITÉ QU'UNE PARTICULE SE TROUVE DANS UN ÉTAT.

- ✓ LA PHYSIQUE QUANTIQUE EST TRÈS DIFFÉRENTE DE LA PHYSIQUE CLASSIQUE QUE NOUS CONNAISSONS

2.   QU'EST-CE QU'UN « QUBIT » ?

Le qubit est l'équivalent quantique du bit de nos ordinateurs classiques à logique binaire.

Un manière de se représenter un qubit (et sans trop rentrer dans les Mathématiques), c'est d'imaginer une sphère en plastique transparente avec une flèche attachée au centre de la sphère, de longueur égale au rayon de la sphère et pouvant pointer de l'intérieur n'importe quel point de la surface de la sphère

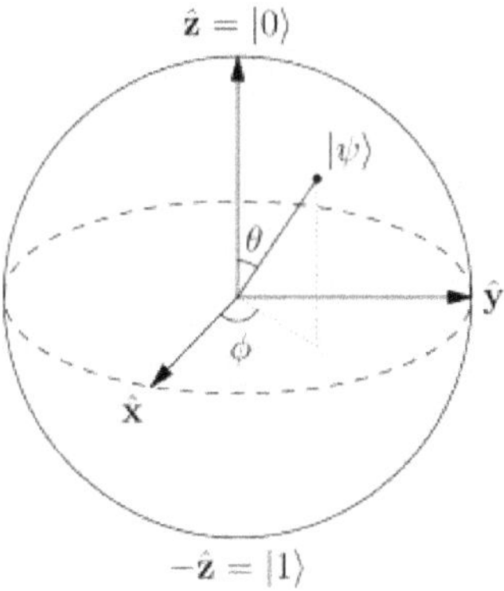

Figure 3 : Sphère de Bloch

Cette représentation s'appelle la Sphère de Bloch.

Dans le cas d'une unité d'information logique élémentaire et classique (les fameux bits 0 ou 1), considérons que la flèche ne peut pointer que vers le haut (« 1 ») ou vers le bas (« 0 »). Nous avons donc deux états seulement.

Dans le cas d'un qubit, la flèche est totalement libre de pointer vers n'importe quel point de la surface. Nous avons donc un nombre infini d'états. Pour les plus matheux de mes lecteurs, sachez qu'un qubit, du moins son état, peut être représenté par un vecteur complexe de norme égale à 1. Si on regroupe 2 qubits, leur état est décrit par une matrice 2x2, avec 4 coefficients complexes.

SUPERPOSITION

Un bit classique ne peut représenter que les valeurs logiques 0 ou 1. Comme nous l'avons vu dans l'histoire du chat de Schrödinger, le qubit peut prendre les deux valeurs simultanément. Il faut bien comprendre que ce n'est pas une question d'incertitude sur la valeur 0 ou 1 mais bien de la superposition de deux états 0 et 1 simultanément. Comme si lorsqu'on lançait une pièce de monnaie, elle retombait sur les deux faces en même temps.

Cela peut sembler farfelu voire impossible pour certains mais c'est pourtant la réalité prouvée à la fois par les Mathématiques et par l'expérimentation.

Je ne saurais que trop recommander au lecteur qui dispose de quelques notions de Mathématiques et d'algèbre linéaire de se reporter au dernier chapitre "Le coin des matheux" pour y trouver l'explication mathématique.

LE QUBIT : OBJET ANALOGIQUE OU LOGIQUE ?

Dans la suite de cet ouvrage, nous allons souvent parler d'un qubit comme d'un système quantique à deux niveaux ou états qui correspondent aux états discrets des bits classiques, 0 et 1. En réalité, même si un qubit a des niveaux discrets, il existe réellement un nombre infini d'états possibles pour un qubit, et pas seulement deux. Le qubit est donc une sorte d'être hybride, à la fois logique et analogique.

Vous pouvez aussi imaginer qu'un électron peut être à deux endroits à la fois. C'est une notion qui est difficile à comprendre mais c'est comme cela dans le monde des électrons. Cela s'appelle aussi de la superposition.

Si on prend une molécule d'oxygène O_2, les deux atomes d'oxygène se partagent en fait deux paires d'électrons (la fameuse double liaison covalente). Les électrons ne sont pas "au milieu" mais se *trouvent* dans les deux atomes en *même* temps ! C'est ce qui permet aux deux atomes de "coller". S'il n'y avait pas de superposition, nos molécules s'effondreraient en plusieurs atomes (et nos corps aussi !).

Pourtant, même Einstein jusqu'à sa mort n'a pas cru au principe de superposition.

INTRICATION

Une autre notion importante de l'Informatique Quantique est **l'intrication** (*entanglement*). Deux qubits peuvent former un système avec intrication, ce qui signifie que l'état du système peut être connu de manière indépendante de l'état des qubits qui le composent. On parle aussi de **corrélation** entre les deux qubits. Si on observe un des qubits, on peut savoir quel est l'état de l'autre qubit s'il était mesuré de la même manière. Même si l'autre qubit est à l'autre bout de la planète ou de l'univers.

En cas d'intrication, l'état d'un qubit, 0 ou 1, peut dépendre de l'état de l'autre qubit intriqué.

Une autre manière d'expliquer ce phénomène consiste à dire que le système est dans un état connu et défini mais que ses composants ne le sont pas.

Comment rendre des qubits intriqués ? En les rapprochant l'un de l'autre et en effectuant certaines opérations spéciales.

Une fois que deux qubits sont intriqués, il est possible de les séparer arbitrairement l'un de l'autre, même de plusieurs millions de kilomètres et ils resteront intriqués.

Les qubits intriqués sont monogames ! Un fois intriqués ensemble, rien ne peut partager cet état d'intrication avec eux.

On parle aussi de **coordination maximale** (ou super-corrélation) : il est possible de modifier l'état global de qubits intriqués en modifiant seulement l'un des qubits.

On peut lire parfois que l'intrication serait une sorte d'*action* instantanée à distance, quelle que soit la distance. C'est faux : il n'y a aucune action ni communication d'information mais une corrélation qui ne peut être connue qu'après mesure des états.

« Par la Force des qubits intriqués, intrigué tu seras ».

LES JEUX DE BELL

Dans les années 60, le physicien John Stewart Bell conçut des jeux d'esprit atypiques pour mieux comprendre le principe de l'intrication. Imaginons deux joueurs isolés physiquement l'un de l'autre. On pose à chacun la même question simple. Pour gagner, ils doivent répondre de manière coordonnée mais ils n'ont aucun moyen de communiquer ensemble. Soit ils sont, soit l'ordre de réponse est entièrement aléatoire. Chacun doit donc deviner quelle pourrait être la réponse de l'autre. Bell prouva que si les deux joueurs étaient capables de partager un couple de particules intriquées, ils augmentaient la corrélation de leurs réponses et donc leur espérance de gain.

Pour les plus curieux d'entre vous, je ne peux résister à vous parler du Théorème de Holevo, aussi appelé *Limite de Holevo*. Ce théorème rappelle que rien n'est évident en Quantique. Considérons un système composé de n qubits. Grâce au principe de superposition, ce système peut avoir plusieurs états simultanés, 2^n. Pourtant Holevo a montré qu'on ne pouvait retrouver ou accéder au mieux qu'à n bits d'information. Surprenant, non ?

QUBIT LOGIQUE ET QUBIT PHYSIQUE

On a vu qu'il n'était pas possible de cloner des qubits. Cette contrainte implique qu'il n'est pas trivial d'implémenter des systèmes de contrôle d'erreurs en informatique quantique alors que cela est relativement aisé en informatique classique.

Un système de contrôle d'erreurs peut détecter et/ou corriger des erreurs. En logique classique, il suffit d'ajouter des bits de *contrôle* qui sont liés mathématiquement aux bits de données à contrôler. Selon le nombre de bits de contrôle, il devient ainsi possible de détecter et/ou de corriger un ou plusieurs bits de données.

Un exemple très connu est celui du code barre EAN-13. Le dernier chiffre du code permet de détecter toute erreur dans les 12 premiers chiffres. Il n'existe par contre pas de correction d'erreurs.

Une des grandes avancées de l'Informatique Quantique fut le développement d'algorithmes quantiques de détection et de correction d'erreurs puis l'introduction de ces traitements d'erreurs au niveau même des circuits quantiques.

On parle désormais de **qubit logique** qui est un *bon* qubit constitué de plusieurs qubits physiques qui permettent d'assurer le contrôle des erreurs.

En 2015, Google proposa une architecture innovante de processeur quantique conçu pour s'autocorriger. Fort de cinq puis de neuf qubits, le système était capable de gérer ses propres erreurs de mémoire.

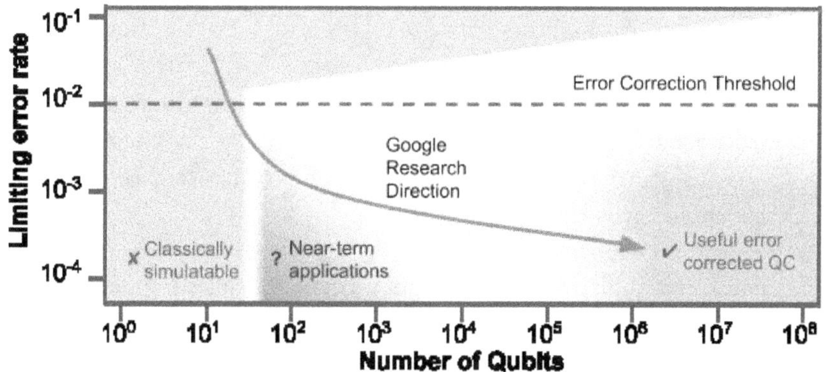

Figure 4 : Relation entre le nombre de qubits et le taux d'erreurs (Google Labs)

MESURE & COHÉRENCE

Mesurer un qubit ne correspond pas vraiment à prendre un multimètre pour vérifier la tension de sa prise secteur murale. La mesure d'un qubit correspond plutôt à une question qu'on pose au qubit : « *cher qubit, est-ce que tu regardes vers le haut ou vers le bas ?* ». Nos qubits sont si timides que le seul fait de devoir répondre à cette question perturbe leur état.

Même si un qubit peut exister dans un état de superposition, le mesurer donnera toujours un de ses deux états correspondant à 0 ou 1 (sous la métaphore de la logique informatique classique). Cela signifie qu'à chaque mesure, il perd tout caractère quantique spécifique de manière irréversible, ce qui a des conséquences importantes sur la manière de travailler avec les qubits.

Cela étant dit, comment mesure-t-on l'état d'un qubit ? Nous allons nous aider d'une analogie graphique pour tenter d'expliquer comment cela est possible, sachant que dans la réalité, il existe plusieurs types de dispositifs techniques pour le faire.

Considérons un qubit avec 4 états parmi les états possibles (rappelez-vous la flèche qui pointe à l'intérieur de la sphère de Bloch).

Le « 0 » est symbolisé par la flèche orange vers le haut et le « 1 » par la flèche jaune vers le bas (axe des Z). A ces deux états déjà connus, ajoutons les états qui correspondent à l'axe des X de la Sphère de Bloch et appelons-les « + » et « - », symbolisés par des flèches orange vers la gauche et vers la droite, respectivement.

Imaginons maintenant deux dispositifs de mesure.

Sans trop faire de Mathématiques, disons qu'un des dispositifs mesure sur l'axe de X, le second sur l'axe des Z, ce qu'on peut représenter sous la forme d'une fente qui permet ou non au qubit de passer (nous simplifions à outrance volontairement). La mesure donne soit -1 soit +1.

 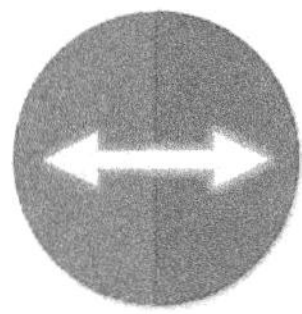

Comme nous sommes dans le monde quantique, nous savons que rien ne se passe normalement, tout du moins, dans la normalité dont nous avons l'habitude. Nos dispositifs de mesure ont donc des caractéristiques un peu particulières :

- Si on prend le dispositif de mesure sur l'axe des X, plusieurs possibilités de résultats :

    o Si le qubit est dans l'état « 0 », 100% de probabilité de résultat +1, l'état du qubit ne change pas, nous connaissons donc son état.

    o Si le qubit est dans l'état « - », 50% de probabilité de résultat -1, 50% de probabilité de +1, l'état du qubit change.

    o Etc.

- Si on prend le dispositif de mesure sur l'axe des Z, plusieurs possibilités de résultats :

    o Si le qubit est dans l'état « - », 100% de probabilité de +1, l'état du qubit ne change pas, nous connaissons donc son état.

    o Si le qubit est dans l'état « 0 », 50% de probabilité de +1, 50% de probabilité de -1, l'état du qubit change.

    o Etc.

Nous en concluons donc qu'il faut choisir un axe de mesure d'un qubit et que toute mesure modifie l'état quantique du qubit. Voilà qui ne va pas faciliter le travail des concepteurs des ordinateurs quantiques !

COMMENT FABRIQUER DES QUBITS ?

Fabriquer des qubits est une tâche ardue, même en laboratoire. Disposer de bons qubits, peu sensibles au bruit ambiant et avec un temps de cohérence élevé est encore plus complexe. Il faut comprendre qu'on doit travailler à des niveaux d'énergie extrêmement faibles, ce qui signifie, quelle que soit la technologie utilisée, que le système doit évoluer à de très basses températures.

Quand on parle de très basse température, ce n'est pas celle de votre congélateur (autour de -18°C) mais de température proche du zéro absolu, c'est à dire proche de -273°C (ou 0 kelvin, unité utilisée couramment en Physique). Bref, c'est froid, c'est même très froid (le froid du vide intersidéral) et cela nécessite des systèmes de refroidissement cryogénique spécifiques ultra performants.

Il existe actuellement 5 principaux types de technologies pour créer des qubits :

- À Supraconducteur

- À Centre NV

- À Piège à ions

- À Spin

- Topologique

Chacune des technologies présente ses avantages et ses inconvénients.

Intel, par exemple, travaille sur plusieurs technologies de qubits dont celle à spin basée sur les technologies classiques du silicium, bien maitrisées depuis des dizaines d'années.

QUBITS À SUPRACONDUCTEUR

En 1991, Heike Kammerlingh découvrait que la résistance électrique des métaux peut devenir nulle à très basse température. Ce phénomène surprit toute la communauté scientifique qui s'attendait à une baisse linéaire de la résistance et non à une chute brutale comme cela fut expérimenté. L'explication de ce phénomène, la *supraconductivité*, par la physique quantique, prit plus de cinquante ans. Il est dû à un appariement un peu particulier de deux électrons à très basse température : la Paire de Cooper.

Il existe de nombreux types de qubits à supraconducteur : à charge électrique, à flux magnétique, à phase, de type fluxonium, de type transmon (un sous-type des qubits à charge électrique, etc.).

La plupart de ces qubits sont fabriqués sur des puces assez classiques. Bien que de vie courte, ils ont un temps de cohérence intéressant. Cette technique permet aussi de manipuler assez facilement les états des qubits grâce à des impulsions électromagnétiques, ce qui permet de concevoir des fonctions logiques universelles mais aussi de coupler aisément les qubits entre eux.

Par contre, la supraconductivité nécessite de travailler dans des réceptacles de 200 litres pour y installer des systèmes cryogéniques complexes qui consomment de l'énergie.

JONCTIONS JOSEPHSON

L'électronique moderne s'est construite grâce à la technologie des semiconducteurs qui ont remplacé les bons vieux tubes ou lampes des postes de radio de nos arrières grands-parents. Cette technologie est basée sur une jonction entre deux semiconducteurs dopés différemment et qui peut se comporter comme une sorte d'interrupteur commandable.

On retrouve un effet similaire entre deux supraconducteurs séparés par une couche d'isolant ou de métal : l'effet Josephson. Cet effet est utilisé dans des jonctions Josephson qui permettent de créer des qubits. C'est une technologie très prometteuse en termes de fréquence de fonctionnement atteignable mais qui reste difficile à maîtriser au niveau du bruit.

QUBITS À CENTRE NV

Une autre manière de créer des qubits est d'exploiter un des défauts de la structure du diamant, connu sous le terme *centre azote-lacune*, ou **centre NV** (*nitrogen-vacancy center - NV center*). L'identification de ces défauts est facilitée par des propriétés de photoluminescence : émission d'une lumière rouge dans le domaine du visible lors d'une excitation avec un laser d'une certaine fréquence.

Un atome d'azote s'est substitué dans la structure cristalline à côté d'un atome de carbone manquant, d'où le terme *lacune*. Dans cette lacune, il existe des électrons qui y sont piégés et dont le spin peut servir à former un qubit.

Cette technologie novatrice présente plusieurs avantages : temps de cohérence très long (de l'ordre de la seconde !) et fonctionnement dans une large plage de températures dont la température ambiante.

Autre avantage notoire, le spin de l'électron n'est pas le seul qubit du système considéré : il est couplé aux spins des noyaux des atomes environnants qui peuvent servir de sorte d'espace de stockage quantique. Il peut aussi interagir avec des photons ce qui facilite l'intrication.

Les expérimentations actuelles se font typiquement à 4K (-269,15°C) ce qui est quasiment une température « torride » par rapport à celles nécessaires pour les autres technologies. Le spin est contrôlé via des impulsions microondes. La lecture (mesure) s'effectue par rayonnement laser et détection d'un éventuel photon émis selon le spin.

En 2018, les chercheurs de l'Université de Delft ont réussi à contrôler les soucis liés à des défaut de structure (présence de 1% de Carbone 13 qui a un spin de ½, ce qui est perturbateur). Ils ont ainsi pu démontrer la possibilité de créer une porte quantique et ont réussi à créer une intrication sur 1,3 km entre deux systèmes quantiques basés sur des qubits à centre NV.

QUBITS PIÈGE À IONS

Des photons sont intriqués avec un atome parent qui contient des sortes de cavité. Ce sont les niveaux d'énergie de chaque ion qui représentent les états '0' et '1' du qubit correspondant. Cette technique emploie des impulsions électromagnétiques ou des lasers pour exciter la transition entre les deux niveaux d'énergie et simuler ainsi des portes logiques.

Le type d'ions utilisés dépend des fonctions recherchées : par exemple des ions Calcium pour stocker les informations quantiques et des ions Strontium pour transférer ces informations.

La société IonQ s'est spécialisée dans cette technologie et a annoncé en décembre 2018 un système fort de plus de 11 qubits entièrement connectés et de 55 paires de qubits adressables avec un très bon taux d'erreur : < 1.0% sur une porte à deux qubits. Les qubits sont basés sur des atomes d'Ytterbium, une terre rare. Ils sont piégés dans un support au silicium grâce à des champs magnétiques. La connexion entre les qubits s'effectue par laser et intrication.

QUBITS À SPIN

Cette technologie utilise le spin des électrons qui sont contrôlés par des impulsions de microondes. Il est possible de placer des électrons dans un état de superposition où ils ont en même temps un spin de 1 et un spin de 0.

Par rapport à leurs cousins à supraconducteur, ils présentent plusieurs avantages :

- Ils sont plus petits et moins sujets à la perte de cohérence, ce qui s'avère un avantage primordial pour envisager des systèmes à plusieurs milliers, voire millions de qubits.

- Leur fabrication est proche de celle des circuits traditionnels à base de silicium.

- Ils fonctionnent à des températures moins froides. Tout est cependant très relatif mais on parle tout de même de 1K (kelvin, unité de température, égale à −273,15 °C, soit le zéro absolu) au lieu de 20 mK (millikelvin, un millième de kelvin) pour les supraconducteurs. Mais la différence est notable en termes de complexité, de contraintes techniques, de dimensions des systèmes, de consommation énergétique et de coût global.

- La technologie de conception et de production permet d'envisager d'intégrer des systèmes performants de communication directement au niveau des qubits et du silicium (bus de communication multiplexé) et de limiter les interconnexions entre qubits.

QUBITS TOPOLOGIQUES

Ces qubits sont basés sur des particules exotiques qu'on appelle des anyons. Bien qu'assez complexes à mettre en œuvre, ils présentent l'avantage d'être nativement des outils performants de correction d'erreur.

La recherche est encore balbutiante dans ce domaine.

SYNTHÈSE

- ✓ UN QUBIT EN ÉTAT DE SUPERPOSITION PEUT AVOIR UNE INFINITÉ D'ÉTATS

- ✓ L'INTRICATION RELIE DEUX QUBITS ENTRE EUX

- ✓ L'INTRICATION ET LA SUPERPOSITION SONT LES PRINCIPES CLÉS DE L'INFORMATIQUE QUANTIQUE

- ✓ TOUTE MESURE DE L'ÉTAT D'UN QUBIT DÉTRUIT L'ÉTAT QUANTIQUE DU QUBIT

- ✓ IL N'EST PAS POSSIBLE DE COPIER UN QUBIT

- ✓ UN QUBIT LOGIQUE EST UN SYSTÈME CONSTITUÉ DE PLUSIEURS QUBITS PHYSIQUES

3.   TÉLÉPORTATION, MONSIEUR SPOCK

Un des grands fantasmes de la Physique Quantique est la **téléportation**.

Je suis vraiment désolé de devoir décevoir certains d'entre vous mais la notion de téléportation quantique n'a pas beaucoup de rapport avec la téléportation des films de science-fiction. La seule similitude, c'est que l'*original* est bien détruit une fois téléporté.

Lorsqu'on parle actuellement de téléportation quantique, on parle de la transmission d'un état quantique grâce au partage d'une intrication (photon ou électron) entre l'émetteur et le destinataire. Ce sont les fameux Bennett et Brassard qui ont introduit cette notion en 1993 [1].

Pour être plus précis, la téléportation quantique consiste à transmettre l'état quantique d'un atome, d'un électron ou d'un photon, d'un endroit à un autre, après échange d'une intrication entre ces deux lieux et via une communication classique. C'est donc bien de l'information qui est « *téléportée* » et non pas de la matière. On parle plutôt de communication et non pas de transport.

Aucun qubit ne va réellement bouger. À chaque qubit sont associés 2 bits classiques qui vont transiter via le canal de communication classique. Pour rajouter à votre déception, cela signifie que cette transmission d'information ne peut être effectuée à une vitesse supérieure à celle de la lumière puisque la reconstruction de l'information quantique nécessite le transport des bits classiques.

En l'état actuel des recherches, on sait seulement transférer l'information associée à quelques qubits entre deux atomes intriqués. On est donc encore très loin de téléporter l'état quantique de molécules complexes.

TÉLÉPORTATION : EST-CE BIEN SÉRIEUX ?

Les scientifiques sont bien incapables actuellement de téléporter un être humain ou même un simple objet usuel. Toutefois, le concept de téléportation ne violerait aucune loi fondamentale de la physique, ni même le fameux principe d'incertitude qui interdit d'extraire toute l'information d'un seul atome et encore moins d'un objet. En effet, le lecteur sceptique pourrait souligner que s'il est impossible d'extraire assez d'information d'un objet pour pouvoir en faire une copie fidèle, il ne serait donc pas possible de le téléporter.

Mais c'est sans compter un nouveau paradoxe de la physique quantique connu sous le nom d'effet Einstein-Podolsky-Rosen. Pour faire simple, disons qu'il suffirait d'utiliser un objet intermédiaire qui serait intriqué avec l'objet copié (et non celui à copier !).

Il existe des équipements du commerce qui permettent d'établir une liaison quantique typiquement sur des dizaines de km, avec un maximum de 200 km. Toutefois des chercheurs chinois ont réussi l'exploit (en l'état des technologies actuelles en 2019) de réaliser une téléportation quantique sur 1400 km entre la Terre et un satellite en orbite.

Il est aussi possible d'échanger l'intrication.

Les chercheurs envisagent actuellement de créer au niveau mondial un Internet Quantique, qui permettrait l'échange sécurisé de clés de chiffrement, la synchronisation temporelle, l'anonymisation et la résolution de problèmes complexes en environnements distribués (c'est-à-dire, plusieurs calculateurs connectés ensemble pour effectuer le même calcul de manière partagée et optimisée).

La communication peut s'effectuer soit par fibre optique, soit par liaison aérienne optique point-à-point, soit par liaison satellitaire. L'intérêt de la fibre optique est que ce réseau est déjà déployé et utilisé par toutes les sociétés de télécommunications du monde. Comme l'atténuation d'une fibre optique est une fonction exponentielle de la distance, il n'est pas possible de dépasser quelques dizaines de kilomètres sans utiliser des **répéteurs quantiques**. Hélas, ces répéteurs sont bien plus complexes que de simples amplificateurs ou ré-injecteurs de signaux optiques. Rappelons en effet que l'information quantique ne peut être ni amplifiée ni copiée !

SYNTHÈSE

- ✓ ON NE PEUT TÉLÉPORTER QUE DE L'INFORMATION, PAS DE LA MATIÈRE

- ✓ LE PRINCIPE DE TÉLÉPORTATION QUANTIQUE NE VIOLE AUCUNE LOI DE LA PHYSIQUE GÉNÉRALE OU DE LA PHYSIQUE QUANTIQUE

- ✓ LA TRANSMISSION DE L'INFORMATION S'EFFECTUE À UNE VITESSE INFÉRIEURE À CELLE DE LA LUMIÈRE

4.   QU'EST-CE QU'UN ORDINATEUR QUANTIQUE ?

Un ordinateur quantique est un système, très complexe, qui permet de manipuler et de contrôler des qubits tout comme un ordinateur classique peut le faire avec des bits traditionnels. Nous allons découvrir qu'en Quantique, l'adjectif « *complexe* » prend toute sa valeur.

Pour reprendre les termes de Bo Ewlad, CEO de la start-up ColdQuanta, « *un ordinateur quantique ne sait pas faire une addition, encore moins une soustraction, en fait il ne sait pas faire grand-chose de ce que nous attendons en général d'un ordinateur* ».

Actuellement, il faut considérer qu'un ordinateur quantique est avant tout une sorte d'accélérateur de calcul (quantique) couplé à un ordinateur classique. Le concept est similaire à la carte graphique accélératrice que vous pouvez acheter pour augmenter les performances de votre PC pour les jeux vidéo ou, plus professionnellement, la carte accélératrice pour optimiser les calculs en Intelligence Artificielle.

Pour construire un ordinateur quantique, on a besoin d'assembler plusieurs éléments :

- Une puce quantique qui intègre les qubits, quelle que soit la technologie choisie ;

- Un sous-système de contrôle (signaux de commande) des qubits qui dépend de la technologie choisie pour implémenter les qubits ;

- Un sous-système de conversion de l'information quantique (analogique) vers un système classique (numérique) ;

- Une architecture d'échanges d'informations (une sorte de bus) entre les différents éléments et les signaux de commande ;

- Une microarchitecture qui permet de traduire le jeu d'instructions en signaux de commande ;

- Un jeu d'instructions ;

- Une unité dédiée aux calculs arithmétiques (classique ou… quantique) ;

- Un langage de programmation et son compilateur ;

- Des algorithmes spécifiques quantiques

- Sans oublier la partie matérielle et logicielle destinée à gérer les contrôles et les corrections d'erreurs (nous y reviendrons).

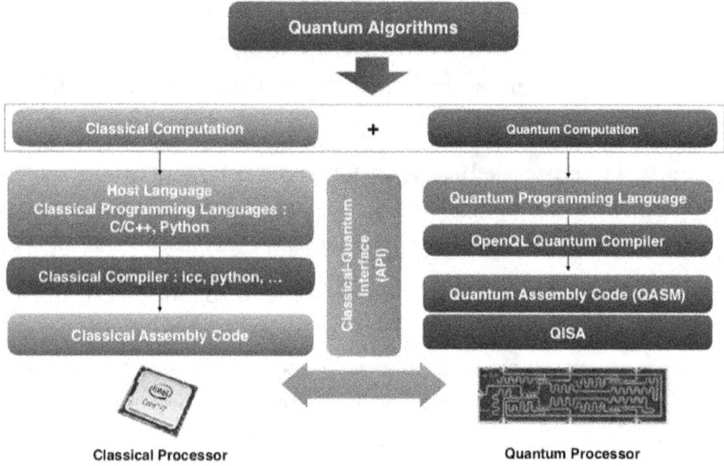

Figure 5 : Architecture d'un ordinateur quantique (Delft University)

PUCE QUANTIQUE

Au cœur d'un ordinateur classique, se trouve le microprocesseur dont les fabricants leaders sont Intel, AMD, Freescale ou Qualcomm. Ces microprocesseurs contiennent des milliards de transistors qui eux-mêmes permettent de travailler sur les bits, ces éléments binaires de base du traitement de l'information.

De manière similaire, la puce quantique est au cœur de l'ordinateur quantique.

C'est la puce quantique qui va héberger les qubits quels que soient la technologie et les matériaux utilisés. La qualité et la précision de fabrication de ces matériaux doivent être extrêmes en termes d'uniformité, de composition chimique, de structure cristallographique et de propriétés électriques.

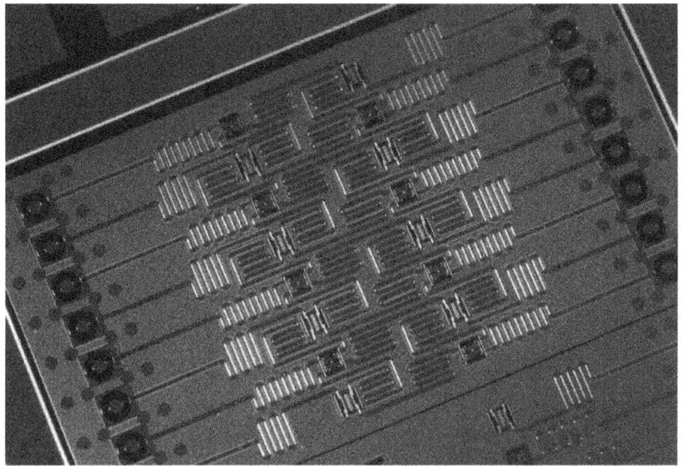

Figure 6 : Processeur 16 qubits d'IBM

Le Google Quantum AI Lab annonça en 2018 son premier processeur quantique de 72 qubits, basé sur sa technologie 9 qubits. Avec des taux d'erreur en lecture de 1%, de fonction quantique logique à un qubit de 0,1% et de fonction quantique logique à deux qubits de 0,6%, il était très prometteur. Ces fonctions logiques sont appelées des *portes*. Nous y reviendrons.

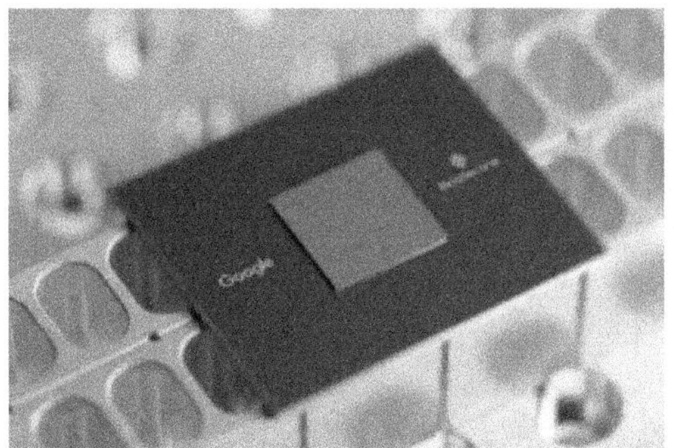
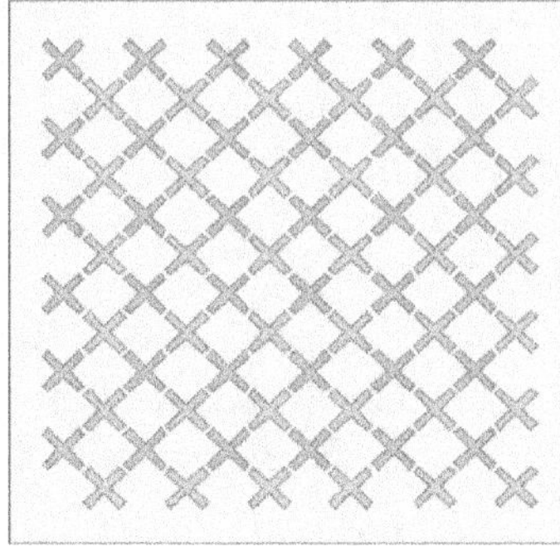

Figure 7 : Processeur 72 qubits de Google

L'industrie des semi-conducteurs dispose de procédés de fabrication bien rodés en termes de précision, même pour des fabrications en masse.

Ce sont d'ailleurs les technologies de qubits dont les processus de fabrication sont les plus proches de ceux des semi-conducteurs qui s'avèrent les plus intéressantes actuellement.

Un premier dilemme survient : par construction, les qubits sont souvent isolés et pourtant il va falloir les faire communiquer tout en préservant un temps de cohérence maximum, ce qui est contradictoire.

L'Informatique Quantique se base sur les deux propriétés bien particulières des qubits : la superposition et l'intrication. Grâce à ces deux principes, il est possible d'utiliser les qubits comme des sortes d'interrupteurs très sophistiqués. Or, les ordinateurs modernes sont basés sur des interrupteurs et toute la logique informatique que nous connaissons aujourd'hui peut s'exprimer mathématiquement et informatiquement par une combinaison d'interrupteurs.

La manière de manipuler les qubits dépend de la technologie utilisée pour créer les qubits. Par exemple, si on emploie des ions et qu'on travaille au niveau de leurs états d'excitation, les manipulations s'effectuent avec des rayons laser, en jouant sur la durée d'excitation ou sur la longueur d'onde du laser. Si par contre, on utilise des particules qui ont un spin, les manipulations se font en appliquant des champs magnétiques de plusieurs orientations.

Comme un état quantique a une durée de vie limitée (temps de cohérence), il convient d'assurer une excellente synchronisation et une base de temps parfaite au niveau des signaux de commande.

LES CRITÈRES DE DIVINCENZO

En 2000, le physicien David DiVincenzo énonça [4] les cinq critères fondamentaux nécessaires, dits critères de DiVicenzo, pour construire un ordinateur quantique, ainsi que deux critères pour la communication quantique.

Ces cinq critères sont :

- Les qubits doivent être clairement définis en termes d'état quantique. On doit pouvoir en ajouter au système si besoin. Le système doit rester évolutif.

- Il faut pouvoir initialiser les qubits dans un état quantique connu. Le temps nécessaire à l'initialisation des qubits doit être inférieur à leur temps de cohérence, ce qui n'est pas toujours simple technologiquement.

- Il faut pouvoir disposer d'un jeu de portes quantiques universelles qui permette de modéliser tous les calculs.

- Il faut pouvoir mesurer des qubits spécifiques. Il est parfois nécessaire d'effectuer plusieurs mesures (et donc d'effectuer plusieurs fois le même calcul) afin d'obtenir le résultat statistiquement le plus probable.

- Le temps de cohérence doit être suffisamment long pour permettre les calculs. Les états spécifiques de superposition et d'intrication doivent être préservés le plus longtemps possible.

LES QUBITS AIMENT LE FROID

La plupart des technologies pour concevoir des qubits nécessitent une température de fonctionnement extrêmement basse, très proche du zéro absolu.

Il a donc fallu développer des systèmes de réfrigération spécifiques, sachant que les qubits sont très sensibles aux vibrations et aux bruits qu'ils soient magnétiques ou électriques, sans parler des variations de température qui ont un impact direct sur les niveaux d'énergie.

La solution utilisée actuellement en Informatique Quantique est basée sur la technologie cryogénique dite de **réfrigération par dilution** inventée par Heinz London dans les années 50 puis, fruit d'une collaboration avec la société Oxford Instruments, réalisée en pratique en 1967 avec une température atteinte de 200 mK (soit - 272,95°C). Le processus consiste à mélanger deux isotopes d'Hélium en phases liquides (^{3}He et ^{4}He, qui sont respectivement un fermion et un boson, mais vous le saviez déjà...).

Aujourd'hui, on atteint aisément 4 mK grâce à cette technologie. À titre de comparaison, l'espace est bien plus chaud, à 2,7 K !

Pour effectuer des traitements sur les qubits, on dispose de sortes de portes, appelées aussi *opérateurs quantiques (quantum gates)*, qui permettent de construire une logique quantique, tout comme les ordinateurs classiques sont construits autour d'une logique binaire.

Il existe actuellement deux principaux paradigmes majeurs en Informatique Quantique :

- Le modèle à Recuit Quantique (QA - Quantum Annealing), dont les promoteurs sont les sociétés D-Wave Systems, Google et la NASA. Cette architecture est assez particulière et limitée en termes d'algorithmes quantiques. Par contre, les systèmes de ce type comportent déjà plusieurs milliers de qubits.

- Le modèle à Portes logiques (QM - Gate Model), qui est plus généraliste et indépendant d'un fabricant particulier. IBM et Rigetti Computing sont les promoteurs de cette architecture. Ils proposent des outils et un accès à leurs ordinateurs quantiques via le Cloud. En 2019, ces systèmes ne dépassent pas quelques dizaines de qubits.

LE MODÈLE À RECUIT QUANTIQUE

Le Recuit simulé quantique fait référence au terme de *recuit* qui provient de la métallurgie (alternance de refroidissement et de réchauffage pour minimiser l'énergie d'un matériau). En effet, un matériau ne refroidit pas toujours dans une structure qui soit idéale (état énergétique minimum). Il peut exister plusieurs états minimums dits *candidats*. Seule la méthode du recuit permet de « parcourir » les différents candidats et de trouver celui qui soit vraiment le minimum.

Au niveau quantique, cette notion correspond à un mode de calcul qui permet de trouver le minimum d'une fonction donnée parmi un ensemble fini de solutions possibles grâce à des fluctuations quantiques. Les solutions possibles sont représentées par des états quantiques possibles qui sont mis en superposition avec des poids (probabilistes) égaux. On laisse ensuite le système quantique évoluer avec le temps vers un état d'énergie minimale.

Programmer ce type d'ordinateur quantique revient donc à formaliser un problème de recherche de la solution minimale correspondant au meilleur résultat possible. Le processeur quantique va alors considérer toutes les solutions possibles simultanément et retourner les solutions à énergie minimale. Parmi cet ensemble de solutions (les minima d'énergie) se trouve la meilleure solution.

Figure 8 : Puce quantique de D-Wave Systems avec 128 éléments quantiques

En 2007, la société canadienne D-Wave Systems annonça officiellement avoir réalisé un ordinateur quantique à base de 16 qubits. Plusieurs experts (et concurrents) critiquèrent et mirent en doute les choix techniques et technologiques de la société : « *Tous les qubits ne sont pas égaux* », arguant que le système de D-Wave n'était pas vraiment un ordinateur quantique. En particulier, il ne peut pas exécuter le fameux Algorithme de Shor qui permet de factoriser un entier dans un temps polynômial et non exponentiel.

Malgré les voix de ses détracteurs, les solutions D-Wave intéressèrent Google qui lança en 2013 le Quantum Artificial Intelligence Lab, hébergé par le Centre de recherche Ames de la NASA, avec un ordinateur quantique D-Wave de 512 qubits. Les qubits sont basés sur la technologie de jonctions Josephson de type supraconducteurs.

Comme vous l'avez probablement compris, le système de D-Wave est tout particulièrement adapté aux problèmes d'optimisation, c'est-à-dire à la recherche de la meilleure combinaison de certains éléments en respectant un ensemble de contraintes. Par exemple : optimisation de l'intensité du rayonnement en radiothérapie anti-cancéreuse, optimisation du trafic automobile, amélioration des stratégies marketing de recrutement de nouveaux clients.

Mais les équipes de D-Wave ont su implémenter une architecture hybride qui permet de résoudre de manière efficace d'autres classes de problèmes comme celles des prévisions et des sondages politiques ou de la reconnaissance faciale en Machine Learning (une des branches de l'Intelligence Artificielle).

En 2019, D-Wave offre le D-Wave 2000Q, de 2000 qubits, à la vente ou en accès temps réel via le Cloud, et des outils de développement open-source.

LE MODÈLE À PORTES QUANTIQUES

C'est le modèle physique le plus proche de celui de l'informatique classique qui utilise des fonctions (portes) logiques : des portes quantiques, des ports d'entrées/sorties quantiques et des interconnexions quantiques entre les portes et les ports d'entrées/sorties. Tout cela ressemble à un bon vieux circuit intégré.

Plus important, la programmation peut être rendue quasi classique sous réserve de la disponibilité d'une sorte de couche d'abstraction.

Il a été démontré en informatique traditionnelle que n'importe quel calcul pouvait être décomposé en un ensemble de portes logiques élémentaires d'un seul type. Les portes dites quantiques ont un comportement très similaire aux portes logiques classiques. Elles ont des entrées et des sorties et on peut les combiner entre elles pour créer des fonctions plus sophistiquées.

Ainsi, à la différence du modèle à recuit quantique, les ordinateurs à portes quantiques se veulent universels dans leur usage.

Il faut bien évidemment écrire des modules spécifiques dits de bas niveau mais la tendance actuelle est à la standardisation des interfaces et des langages de programmation.

Preuve que la concurrence est déjà dure en Informatique Quantique : IBM propose une sorte d'émulation du recuit cher à D-Wave Systems en utilisant un modèle à portes logiques ! La réciproque n'est pas vraie car un système de type recuit quantique ne peut pas simuler un modèle à portes quantiques (du moins dans un temps d'exécution polynomial et non exponentiel).

ARCHITECTURE HYBRIDE

Le futur proche de l'ordinateur quantique se trouve probablement dans une sorte d'hybridation avec l'ordinateur classique où la partie quantique joue le rôle d'accélérateur spécialisé, un peu comme une carte graphique sur un ordinateur destiné aux jeux vidéo.

Tout comme avec une carte accélérateur graphique, le programme principal tourne sur l'ordinateur classique, avec des bouts de code destinés nativement à l'ordinateur quantique.

La plupart des travaux de conception d'architecture d'ordinateur quantique se font actuellement dans cet esprit, soit directement au niveau des puces (hybridation sur silicium), soit au niveau d'un bus de communication très haut débit.

Il ne faut pas non plus oublier les ordinateurs et les automates qui permettent de contrôler tout l'environnement nécessaire à l'ordinateur quantique (cryogénie, etc.) et ceux qui pilotent les signaux électromagnétiques ou les systèmes laser, au sens large, de contrôle.

QUANTIQUE ET PARALLÉLISME

On lit souvent dans des articles ou des ouvrages vulgarisateurs que l'ordinateur quantique fait du parallélisme. C'est faux. Un ordinateur quantique de n qubits n'est pas équivalent à 2^n ordinateurs qui travailleraient en parallèle. Il est moins puissant, en particulier parce qu'il n'est pas déterministe.

Un ordinateur quantique ne sera pas plus rapide qu'un ordinateur classique au niveau d'une opération élémentaire. C'est même le contraire car la fréquence «utile » de fonctionnement d'un ordinateur quantique n'est pas très élevée à cause de certaines contraintes intrinsèques. Ce qui est novateur, c'est sa capacité à fortement optimiser certains calculs grâce à des algorithmes spécifiques qui ne peuvent pas tourner sur un ordinateur classique.

Je vais essayer de donner une analogie relativement simple pour vous faire toucher du doigt l'extrême complexité de l'architecture d'un ordinateur quantique. Prenons notre bon vieux Internet. Chacun sait qu'on peut envoyer et recevoir des paquets de données depuis son ordinateur vers un autre ordinateur sans trop se préoccuper de l'endroit, de la marque, du système d'exploitation et des logiciels.

Lorsque je commande un livre sur Amazon, je ne me soucie pas de savoir si le serveur de commerce électronique est situé dans un datacenter à Francfort ou à Dublin. Je ne suis même pas censé savoir qu'Amazon a développé son propre système d'exploitation. Cette simplicité est due, entre autre, à la standardisation des protocoles d'Internet, en particulier au niveau des annuaires (DNS – qui garantit de savoir « qui est qui ? ») et des protocoles de routage qui permettent d'aiguiller les paquets de données vers leur destination correcte. Si je reprends l'exemple du site de vente en ligne d'Amazon, je peux taper `www.amazon.fr` dans mon navigateur, sans me soucier d'aller consulter les Pages Jaunes de l'Internet, c'est à dire le serveur DNS qui me donne l'adresse physico-logique (IP) du serveur Amazon. Je ne me soucie pas non plus du routeur situé chez mon fournisseur d'accès Internet qui va établir la liaison avec d'autres routeurs d'autres fournisseurs, jusqu'au(x) serveur(s) d'Amazon. Tout se fait de manière transparente pour moi et sans délai.

En Informatique Quantique, les développeurs vont avoir besoin d'un système équivalent pour savoir où sont les qubits à un instant donné et quelles sont les connexions entre les qubits. C'est une table de routage de qubits. Plus complexe encore, le système qui exécute le code (le programme) sur le processeur à qubits va devoir adapter les instructions en temps réel selon la table de routage et décider d'effectuer des déplacements de qubits ou d'optimiser les instructions, si nécessaire, pour conserver la topologie (les emplacements) des qubits.

Sans trop rentrer dans la technique, on comprend aisément que déplacer un qubit nécessite d'intervenir à un très bas niveau sur la machine. Informaticiens et physiciens doivent donc apprendre à se parler et à se comprendre pour optimiser cette complexité.

LES QUBITS, CES PETITS ÉTOURDIS

Il faut aussi garder à l'esprit qu'actuellement les qubits sont extrêmement fragiles et que leur durée de cohérence n'est pas très élevée, d'où des soucis d'erreurs. Il est donc nécessaire de mettre en place des systèmes de correction d'erreurs, qui s'avèrent très consommateurs en ressources (estimation en 2019 à 90% du temps passé par le processeur quantique).

Les calculs complexes qu'on destine aux ordinateurs quantiques nécessitent un taux d'erreur bien plus faible que ce qu'on sait actuellement réaliser au niveau du matériel (*hardware*) de ces ordinateurs. Il faut protéger les qubits de tout bruit externe (thermique, ondes, courants, magnétisme, etc.) et les contrôler de la manière la plus précise possible.

En l'état actuel (2019) des technologies quantiques, on ne sait pas garantir une erreur intrinsèque inférieure à 1% alors qu'il serait nécessaire d'atteindre 10^{-15} pour effectuer des calculs vraiment utiles. Bien que d'importants progrès aient été réalisés ces dernières années, la seule solution consiste donc à travailler en redondance, c'est-à-dire à construire un **qubit logique** à partir de plusieurs qubits physiques.

Mais hélas, mesurer un qubit pour savoir s'il y a une erreur engendre irrémédiablement la perte de toute superposition. Il faut donc être capable de mesurer cette erreur potentielle de manière indirecte.

On va utiliser pour cela des **qubits auxiliaires** (*ancilla*) qui sont couplés aux qubits physiques pour constituer ce qu'on appelle donc le qubit logique. Ce sont ces qubits auxiliaires qu'on mesurera pour voir s'il y a un problème.

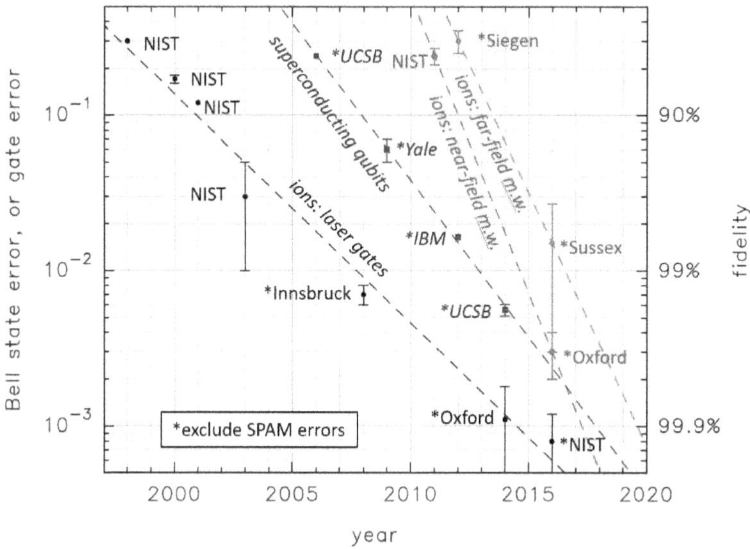

Figure 9 : Évolution de la précision d'une porte quantique à 2 qubits

Plus on rajoute de qubits physiques (et auxiliaires), plus la détection et la correction d'erreurs sont efficaces. Pour obtenir une erreur de 10^{-15}, il faudrait 10 000 qubits ; ce qui est bien au-delà des capacités technologiques actuelles.

ÉCONOMIE D'ÉNERGIE

Une caractéristique souvent oubliée des ordinateurs quantiques est leur promesse de consommer bien moins que les ordinateurs classiques équivalents, même avec les contraintes dues à la cryogénie. Les experts s'accordent sur 100 à 1000 fois moins de consommation électrique, ce qui n'est pas neutre dans un monde de plus en plus dominé par le Cloud, l'IoT et les calculateurs.

SYNTHÈSE

✓ PLUSIEURS TECHNOLOGIES DE QUBITS SONT ACTUELLEMENT ÉVALUÉES, CHACUNE AVEC SES AVANTAGES ET SES INCONVÉNIENTS. POUR L'INSTANT, AUCUNE N'EST PRÉDOMINANTE.

✓ ON PEUT UTILISER LA MÉTAPHORE SUIVANTE : LE MODÈLE À RECUIT QUANTIQUE EST QUASI ANALOGIQUE ALORS QUE LE MODÈLE À PORTES QUANTIQUES EST QUASI LOGIQUE/NUMÉRIQUE.

✓ L'INTERCONNEXION ENTRE LES QUBITS EST UNE RÉELLE PROBLÉMATIQUE ET FAIT PARTIE DES LIMITES ACTUELLES POUR CONCEVOIR DES ARCHITECTURES PLUS IMPORTANTES EN TERMES DE NOMBRE DE QUBITS.

✓ ON ÉVALUE À 90% DU TEMPS, LA CHARGE DE CALCUL NÉCESSAIRE POUR EFFECTUER LA CORRECTION D'ERREURS AU NIVEAU DES QUBITS.

5.   L'INTERNET QUANTIQUE

Pour rentrer dans le vif du sujet, citons le physicien Thomas Jennewein de l'Université de Waterloo : « *Le terme 'Internet Quantique' est vague. Beaucoup de gens, y compris moi, aiment l'employer. Toutefois, il n'existe pas de réelle définition de sa signification* ».

Avant de parler d'un Internet Quantique, il faut déjà savoir construire des réseaux quantiques, c'est-à-dire des systèmes d'interconnexion entre plusieurs ordinateurs quantiques capables d'échanger des qubits.

Cela étant dit, il faut aussi faire la distinction entre les réseaux quantiques de faible distance destinés à distribuer les calculs (en informatique classique, on parle de *cluster*) et ceux spécialisés dans l'échange de données, en général sur des distances plus grandes, car les contraintes et les performances nécessaires sont différentes.

L'Internet Quantique est équivalent à l'Internet classique si ce n'est que ce sont des ordinateurs quantiques qui y sont connectés et non des ordinateurs classiques. Toutefois, il est possible d'imaginer une interface de couplage quantique pour ces derniers.

Le concept de base de cet Internet Quantique repose sur les deux caractéristiques de l'intrication : la confidentialité et la coordination maximale. Deux qubits qui peuvent être situés à de très longues distances garantissent le secret des transmissions puisque l'état d'intrication ne peut pas être partagé et la lecture (mesure) de l'état quantique entraîne immédiatement son effondrement, ce qui est facilement détectable. Le résultat de la mesure de cet état est toujours le même quelle que soit la distance, ce qui s'avère très intéressant pour synchroniser par exemple des horloges.

Comme rien n'est simple en Quantique, sachez toutefois que ces technologies ont déjà été attaquées via certaines vulnérabilités d'implémentation.

ÉTAT DES LIEUX

Depuis 2008, la technologie et la recherche avancent à grand pas dans ce domaine.

Entre 2009 et 2011, le CERN et l'Université de Genève ont développé et testé avec succès un réseau quantique, SwissQuantum. Leur but était de prouver qu'il était possible de transposer dans un environnement de production les fruits de leurs recherches respectives en laboratoire. Le résultat est un réseau robuste, fiable et interconnecté aux moyens de communication classiques existants.

Sous l'impulsion de l'Université de Delft aux Pays-Bas, les chercheurs de l'European Quantum Internet Alliance travaillent depuis 2013 à la mise en place d'un Internet composé de nœuds finaux (ou nœuds terminaux), de commutateurs, de répéteurs et de routeurs spécifiques à l'Informatique Quantique. Le but est d'aller plus loin qu'une distribution quantique de clés en permettant l'interconnexion de processeurs quantiques avec partage des données et distribution des applications.

En 2014, une équipe européenne pilotée par l'Université de Genève réussissait le transfert sur 12 km d'une information quantique à partir d'une mémoire quantique basé sur un cristal dopé et via un réseau traditionnel de fibres optiques. La difficulté consistait à disposer de qubits (des photons dans ce cas) intriqués à une fréquence compatible avec celle de propagation des réseaux optiques utilisés par les opérateurs de télécommunications. Pour rendre la tâche encore plus difficile, la longueur d'onde utilisable par la mémoire quantique (883 nm) était différente de celle de la fibre optique (1338 nm).

En 2016, la Chine a lancé le premier satellite quantique destiné à sécuriser les communications entre plusieurs stations au sol. Elle prévoit de lancer plusieurs autres satellites quantiques dans les années à venir.

En Mai 2019, le laboratoire de recherche de US Air Force (AFLR) a réussi une communication quantique de type liaison satellite en plein jour, ce qui était impossible avant.. Cette avancée technologique permet donc d'envisager des communications satellitaires sécurisées quasi-permanentes.

POUR QUELS USAGES ?

Quelles sont les promesses de l'Internet Quantique et quelles applications sont envisageables à court ou moyen terme ?

En voici quelques-unes :

- la principale application consiste à établir des communications sécurisées via la distribution quantique de clés de chiffrement ;

- la seconde application importante est la synchronisation d'horloges et plus généralement de processus, par exemple avec des données distribuées dans le Cloud ;

- plus généralement, exploiter des fonctionnalités de calcul distribué de manière plus efficace qu'en informatique classique ;

- permettre d'accéder à un ordinateur quantique central en toute sécurité (confidentialité et intégrité) ;

- créer des clusters de petits ordinateurs quantiques qui seraient vus comme des ordinateurs quantiques plus grands ;

- protéger une communication critique de tout brouillage malveillant.

Ce qui est assez excitant, c'est qu'un nœud terminal n'a pas besoin d'être un système quantique très complexe. Actuellement, les chercheurs évoquent entre 1 et 12 qubits, ce qui correspond aux technologies actuelles disponibles.

Un seul qubit peut suffire pour bénéficier de l'intrication (qui n'est possible qu'entre deux qubits).

Il faut aussi disposer de commutateurs permettant de distribuer le trafic sur des fibres optiques, dont certains disposeront de fonctions de routage. Ces commutateurs sont plus complexes que les commutateurs actuels car ils doivent conserver la cohérence des qubits.

Pour terminer, l'architecture de ce nouvel Internet devra bénéficier de répéteurs quantiques afin de pouvoir envoyer des qubits à l'autre bout de la Terre. Sachant qu'il n'est pas possible de copier les qubits, il n'est donc pas possible d'utiliser des répéteurs optiques classiques.

Comme vous le savez déjà, tout va très vite en Informatique Quantique : à l'heure où j'écris ces lignes (Mai 2019), des physiciens chinois viennent de démontrer qu'il est possible pour un ordinateur classique de dialoguer de manière privée et sécurisée avec un ordinateur quantique. Cela signifie qu'on peut déléguer des calculs à un ordinateur quantique sans que ce dernier ne dispose de toutes les informations sur le calcul. On parle d'un mode *aveugle*. Jusqu'à maintenant seul un ordinateur lui-même quantique était capable de le faire en garantissant la confidentialité.

POURQUOI EST-IL SI DIFFICILE DE TRANSMETTRE DES QUBITS SUR DE LONGUES DISTANCES ?

Pour simplifier la compréhension, prenons l'hypothèse d'un qubit qui correspond à un photon. Juste un photon, un petit grain de lumière, qui suit les fameuses lois sur la dualité onde-corpuscule. Ce photon, il est facile de le perdre dans la nature, même entouré et protégé par les parois internes d'une fibre optique. Il faut donc disposer des répéteurs quantiques qui utilisent la téléportation quantique, grâce à l'intrication.

Il faut d'abord créer deux qubits intriqués entre les deux nœuds de réseau. Imaginons que les deux nœuds de réseau se situent à 200 km. Les lois de propagation d'un photon dans une fibre optique entraînent une perte trop importante des photons sur cette distance. On va donc installer un répéteur quantique au milieu de la liaison, à 100 km, et créer les deux premiers qubits intriqués entre le répéteur et le premier nœud de réseau. Cette distance permet une transmission sans trop de pertes. Puis on fait de même entre le répéteur et le second nœud de réseau.

Notons que le répéteur doit être protégé au niveau compromission si on veut garantir une communication pleinement sécurisée.

SYNTHÈSE

- ✓ LES RÉSEAUX QUANTIQUES SONT DÉJÀ UNE RÉALITÉ AVEC LA DISTRIBUTION QUANTIQUE DE CLÉS DE CHIFFREMENT

- ✓ DES RÉSEAUX SÉCURISÉS QUANTIQUES HYBRIDES EXISTENT EN FIBRES OPTIQUES ET LIAISONS SATELLITAIRES

- ✓ LES DISTANCES SONT POUR L'INSTANT LIMITÉES : 200 KM MAX (FIBRE OPTIQUE)

- ✓ LA CONSTRUCTION D'UN INTERNET QUANTIQUE EST COMPLEXE (COMMUTATEURS, ROUTEURS ET RÉPÉTEURS QUANTIQUES SPÉCIFIQUES)

6. LES ALGORITHMES QUANTIQUES

Un *algorithme* est une séquence de calculs élémentaires qui permet de résoudre un problème donné ou de calculer de manière efficace un résultat à partir d'un jeu de données.

Programmer un ordinateur quantique nécessite de transformer une problématique du monde réel en langage quantique ou tout du moins en algorithme adapté au monde quantique et permettant de résoudre la problématique.

Les algorithmes quantiques présentent toutefois une particularité importante par rapport à leurs homologues de l'informatique classique. Lorsque vous exécutez un programme (une suite d'algorithmes) sur votre ordinateur, vous obtenez *le* résultat. Ce résultat est unique et déterministe. Si vous exécutez une nouvelle fois le programme, vous obtenez le *même* résultat (enfin, normalement, mais on n'est pas à l'abri d'un petit bogue…). Sur un ordinateur quantique, vous obtenez *un* résultat. Si vous exécutez une nouvelle fois le programme, il y a de fortes chances que vous obteniez *un autre* résultat.

L'Informatique Quantique n'est pas déterministe mais probabiliste.

Il faut donc exécuter plusieurs fois un algorithme quantique sur le même jeu de données et ne conserver que le résultat le plus probable. Le lecteur sagace aura immédiatement noté que toute lecture d'un qubit détruit son état, ce qui signifie qu'il faut en effet réinitialiser les données en entrée à chaque nouvelle itération du même calcul.

Les algorithmes quantiques se classent en catégories selon les classes de problèmes qu'ils permettent de résoudre.

En voici quelques exemples :

- Le fameux algorithme de Shor qui permet de trouver la décomposition d'un entier en nombres premiers. Comme sa vitesse est polynomiale (par rapport à la taille de l'entier à factoriser) sur un ordinateur quantique (alors que la vitesse de l'algorithme correspondant est exponentielle sur un ordinateur classique), il permet, théoriquement, de casser des systèmes de chiffrement à clés publiques comme le RSA ou le protocole d'échange de clés Diffie-Hellman qui sont basés sur la complexité à factoriser. Le résultat est identique pour la cryptographie à courbes elliptiques.

- L'algorithme de Grover qui optimise le parcours de graphes et les recherches dans les bases de données.

- L'algorithme de Deutsch-Jozsa qui est un algorithme simple inventé en 1985 puis amélioré plusieurs fois. Il permet de résoudre des problème de type « Décision avec Oracle ». Derrière ce terme étrange se cache la recherche d'une solution qui satisfait à une valeur d'une fonction. Il a été le premier algorithme quantique à être plus efficace que son homologue traditionnel.

- L'algorithme de Hallgren qui permet de casser certains types de cryptosystèmes en un temps polynomial.

- L'apprentissage automatique, plus communément connu sous son terme anglosaxon de Machine Learning. Un chapitre de cet ouvrage est consacré aux impacts de l'Informatique Quantique sur l'Intelligence Artificielle.

- Les chaînes de Markov. Une chaîne de Markov est une suite d'événements aléatoires dans le temps où le futur ne dépend du passé que par le présent. Quelques exemples pratiques de chaînes de Markov dans la vie courante : le nombre de personnes dans une file d'attente, la position d'une voiture. Il existe de très nombreuses applications dans de multiples domaines. Plusieurs algorithmes quantiques donnent de meilleurs résultats que le classique algorithme de Monte-Carlo.

Cela dit, le domaine de l'algorithmique quantique évolue très rapidement. C'est un champ d'investigation très excitant pour les chercheurs et de nombreuses start-ups travaillent sur ce sujet, avant même que les ordinateurs quantiques disposent de qubits en nombre suffisant pour ces algorithmes.

En 2018, un jeune étudiant de 18 ans a surpris tout le monde en démontrant que les ordinateurs classiques pouvaient résoudre un problème particulier que seuls les ordinateurs quantiques étaient capables de faire rapidement (de manière exponentielle), selon les experts. Ce problème dit « problème de la recommandation » trouve son usage dans les systèmes de recommandation bien connus comme ceux de Netflix ou d'Amazon par exemple. Il démontra ainsi qu'un des algorithmes quantiques les plus prometteurs (celui de Kerenidis et Prakas) n'avait aucun avantage sur les algorithmes classiques, ce qui jeta un froid sur la communauté quantique.

SYNTHÈSE

- ✓ L'Informatique Quantique n'est pas déterministe mais probabiliste.

- ✓ L'avenir est à l'hybridation des processus algorithmiques classiques et quantiques.

- ✓ L'Intelligence Artificielle, en particulier le Machine Learning, est un des domaines d'application les plus prometteurs en termes d'impact et de résultats.

7.   À QUOI RESSEMBLE UN PROGRAMME QUANTIQUE ?

C'est une des questions qui m'est le plus souvent posée en séminaire. Comment programme-t-on un ordinateur quantique ? En assembleur, en langage évolué ? Avec des interrupteurs et des voyants lumineux comme les tout premiers ordinateurs ? Avec la pensée ? (sic !)

Il faut bien comprendre que pour l'instant, l'utilisation d'un ordinateur quantique, au nombre limité de qubits, correspond un peu à l'emploi d'une carte accélérateur graphique (GPU, Graphical Processor Unit) dans un PC destiné aux jeux vidéo.

Il serait tout à fait possible de faire tourner un programme complet de jeu sur une carte graphique mais cela n'a pas de sens en termes d'efficacité, tant au niveau technique sur l'exécution du code, qu'au niveau praticité algorithmique et de codage. Ainsi, à quelques exceptions près, seules les parties du programme de jeu qui s'occupent des graphismes vont être exécutées sur la carte graphique.

On retrouve ce type d'architecture dans un smartphone qui intègre en général deux processeurs : l'un pour la partie télécommunications et radio, l'autre pour les autres fonctions.

Le paradigme est le même pour un ordinateur quantique. Une partie du code va être ainsi exécutée sur un ordinateur classique et une autre partie sur l'ordinateur quantique.

Il ne faut aussi jamais oublier que l'Informatique Quantique n'est pas déterministe. Rappelons que mesurer l'état quantique, c'est-à-dire lire le résultat, détruit la superposition quantique.

À la différence de l'Informatique classique, il va donc falloir exécuter plusieurs fois le même algorithme pour obtenir plusieurs résultats, « le » résultat étant au final celui qui a eu le plus d'occurrences, c'est-à-dire la probabilité la plus haute d'être lu.

Le fonctionnement est donc profondément différent et les concepteurs doivent habilement découper le code et le répartir entre les deux parties de l'ordinateur, classique ou quantique. Tout comme avec une carte accélérateur graphique, cette distinction s'effectue tant manuellement par le programmeur qu'automatiquement au niveau du compilateur, ce programme particulier qui traduit les langages de haut niveau comme le C, Java ou Python, en langage dit *machine,* compréhensible par l'ordinateur et son microprocesseur.

Si on dispose d'un ordinateur avec 4 qubits, on peut ainsi avoir une superposition <u>simultanée</u> de 2^4 états logiques distincts (soit 16 états). Oui, j'ai bien écrit *simultanée* ! Si on a la chance de disposer d'un ordinateur avec 32 qubits, on passe à 2^{32} états logiques simultanés, soit plus de 4 milliards d'états !

À titre de comparaison avec le monde réel que nous connaissons, imaginons que je dispose de 4 pièces de monnaie. Si je joue à pile ou face avec les quatre pièces en même temps, j'ai 2^4 possibilités, mais une fois les pièces lancées et retombées, j'ai <u>un seul</u> 'résultat' visible parmi les 2^4 possibilités. Chaque résultat a une probabilité de $1/2^4$ (si les pièces sont idéales et non truquées). Les 4 qubits d'un ordinateur quantique existent eux dans 16 états <u>en même temps</u> ce qui permet de faire des calculs de manière très efficace (ce n'est toutefois pas du parallélisme, comme on peut le lire hélas dans certains ouvrages un peu trop vulgarisateur).

ENVIRONNEMENT DE DÉVELOPPEMENT QUANTIQUE

La plupart des fournisseurs d'ordinateurs quantiques mettent à disposition des développeurs un *framework,* c'est à dire un environnement de développement qui facilite leur travail.

Plus surprenant, ces fournisseurs offrent aussi un accès à leurs machines, certains à titre gratuit mais forcément limité (comme IBM) ou à titre onéreux pour les entreprises. L'accès à ces machines se fait via le Cloud.

Comme on peut le voir sur cet exemple (copie d'écran de mon compte IBM Quantum Cloud Services), 4 machines sont disponibles, avec chacune respectivement 2, 4, 5 et 16 qubits. Il existe aussi des simulateurs à plusieurs niveaux de complexité, et donc de temps et de coût machine.

IBM Q Backend Access

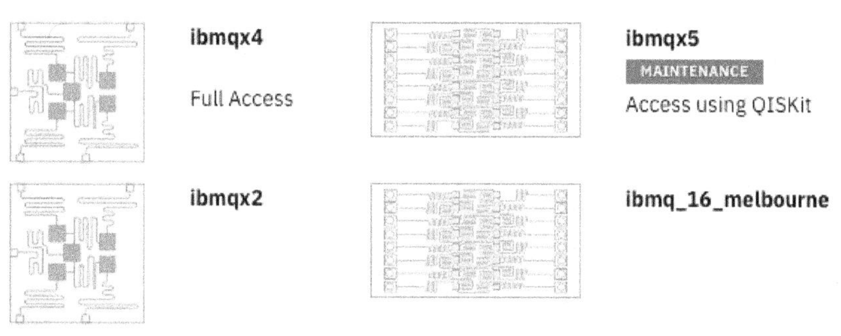

Figure 10 : Exemple d'ordinateurs quantiques disponibles sur le Cloud (IBM)

L'accès aux ordinateurs quantiques d'IBM s'effectue via une file d'attente. Il est possible de lancer une requête directement dans le code qui donne la machine la plus disponible selon le nombre de qubits qu'on souhaite sélectionner dynamiquement lors de l'exécution du code.

PROGRAMMATION QUANTIQUE GRAPHIQUE

Qui dit quantique, dit changement de paradigme. Il existe plusieurs manières de programmer un ordinateur quantique, de l'assembleur (langage de bas niveau, dit aussi langage machine) jusqu'à des langages plus évolués comme Python, ou des couches d'abstraction qui cachent presque totalement la complexité quantique au programmeur.

Une des spécificités de l'Informatique Quantique est la programmation par portes quantiques. Il est intéressant pour les chercheurs mais aussi pour les programmeurs qui veulent comprendre ou simuler les limites du quantique de travailler à ce niveau assez proche du matériel. Vous trouverez dans le dernier chapitre de cet ouvrage un descriptif des principales portes quantiques couramment utilisées.

IBM propose une interface de programmation graphique en ligne qui permet de *dessiner* son programme quantique élémentaire, ce qu'on pourrait appeler un *circuit*. L'interface se nomme IBM Q Circuit Composer. Il reprend les éléments graphiques standardisés des portes quantiques et permet de créer rapidement un circuit et de générer le code assembleur équivalent.

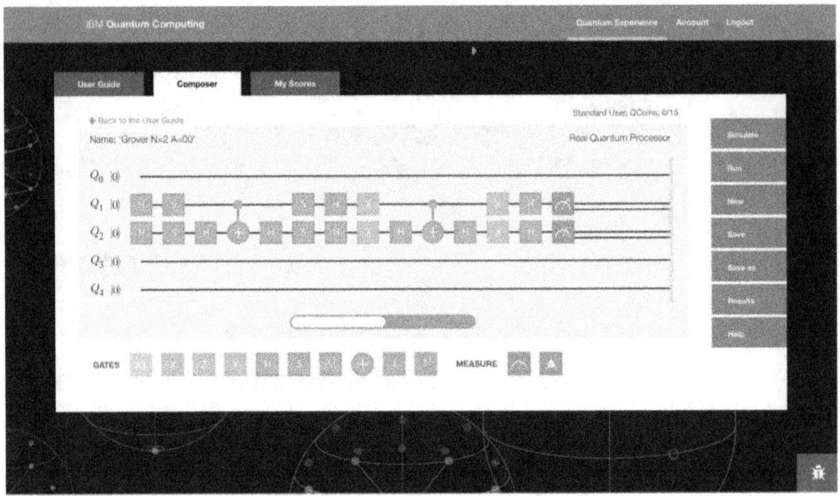

Figure 11 : Programmation graphique quantique (IBM Q Circuit Composer)

VOTRE PREMIER PROGRAMME QUANTIQUE

Maintenant que nous nous sentons tout puissants avec des accès à de vrais ordinateurs quantiques, passons à l'écriture d'un vrai programme quantique.

C'est le moment où je vais être obligé de calmer les ardeurs des plus passionnés d'entre vous : on ne va ni casser un algorithme de chiffrement ni plier une protéine complexe. On va… juste jouer à pile ou face.

Vous allez me dire : « Quoi ? Tout ça pour un simple pile ou face ? » Oui… mais sur un vrai ordinateur quantique, quand même ! Plus sérieusement, nous nous heurtons à deux difficultés majeures. Premièrement, la connaissance nécessaire pour implémenter de vrais algorithmes quantiques dépasse largement ces quelques lignes. Deuxièmement, nous n'allons travailler qu'avec 3 qubits, ce qui limite pas mal notre champs d'évaluation et d'investigation.

Nous allons écrire ce programme en Python. Python est un langage de programmation interprété (c'est-à-dire non compilé), avec une syntaxe relativement simple, qui s'est imposé dans de nombreux domaines ces dernières années et qui est disponible sur la plupart des plates-formes informatiques actuelles (Windows, MacOs, Linux, etc.).

Si vous ne connaissez pas Python, n'ayez pas d'inquiétude : la syntaxe du langage permet de comprendre aisément « ce qui se passe ».

Les lecteurs plus initiés pourront installer le framework Qiskit d'IBM et tester eux-mêmes le programme.

Revenons donc à notre jeu de pile ou face. Une pièce de monnaie est un système à deux niveaux ou états : pile ou face. Cela ressemble pas mal à un qubit dont l'état quantique est une distribution probabiliste.

Nous allons utiliser cette analogie pour simuler le lancement de 3 pièces de monnaie sous la forme de 3 qubits et d'un circuit quantique assez simple qui mette en superposition les 3 qubits et qui permette de lire les résultats.

Pour ce petit programme, nous avons besoin de 3 registres quantiques qubits, via `QuantumRegister`, et de 3 registres « miroirs » classiques, via `ClassicalRegister`, pour lire (mesurer) le résultat.

Nous allons aussi utiliser une porte quantique (*gate*) un peu particulière, dite de Hadamard, notée **H**, pour mettre chacun des 3 qubits en état de superposition.

Par défaut chaque qubit est initialisé à |0>.

Grâce à Qiskit, il est possible de visualiser le circuit avec `QuantumCircuit.draw`, ce qui s'avère bien pratique.

Le code est le suivant (sur simulateur pour l'instant).

```
from qiskit import ClassicalRegister,
QuantumRegister, QuantumCircuit
from qiskit import execute
from qiskit import BasicAer
import numpy as np
backend =
BasicAer.get_backend('qasm_simulator')
q = QuantumRegister(3)
c = ClassicalRegister(3)
circuit = QuantumCircuit(q, c)
circuit.h(q[0])
circuit.h(q[1])
circuit.h(q[2])
circuit.measure(q, c)
print(QuantumCircuit.draw(circuit,
output='text'))
job = execute(circuit, backend, shots=100)
print(job.result().get_counts(circuit)
```

À l'exécution, on obtient le résultat suivant.

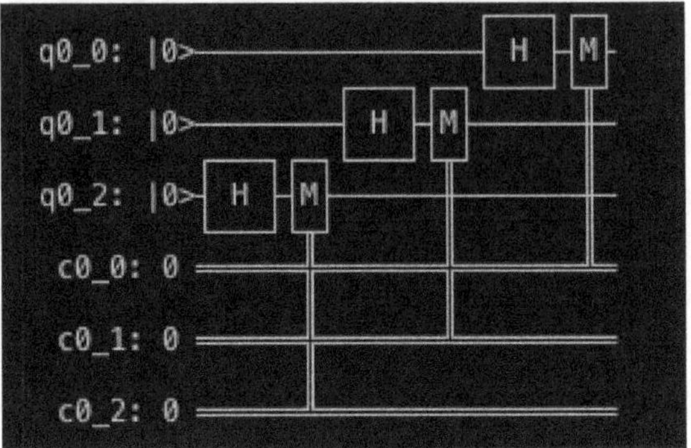


```
{'100': 15, '110': 10, '101': 9, '000':
14, '011': 16, '111': 12, '001': 12,
'010': 12}
```

Votre résultat est peut-être différent et c'est tout à fait normal. Exécutons une nouvelle fois le programme :

```
{'101': 9, '110': 16, '100': 14, '011':
10, '000': 17, '010': 15, '111': 11,
'001': 8}
```

Nous avons bien une distribution probabiliste sur 100 lancers de 3 pièces en pile ou face. Mathématiquement, chaque combinaison devrait avoir la même probabilité mais il faudrait, comme dans la réalité, bien plus de 100 lancers pour y arriver.

Passons maintenant à l'exécution du code sur un vrai ordinateur quantique. Comme vous pouvez le voir, le code ne change pas beaucoup, si ce n'est qu'on recherche l'ordinateur dans le Cloud le moins occupé pour réaliser notre calcul et qu'on demande l'exécution du programme sur un vrai ordinateur et non plus sur un simulateur logiciel.

```python
from qiskit import ClassicalRegister,
QuantumRegister, QuantumCircuit
from qiskit import execute
from qiskit import IBMQ
IBMQ.load_accounts()
from qiskit.providers.ibmq import
least_busy
large_enough_devices =
IBMQ.backends(filters=lambda x:
x.configuration().n_qubits > 3 and not
x.configuration().simulator)
backend = least_busy(large_enough_devices)
print("The best backend is " +
backend.name())
print("On lance le calcul sur un vrai
ordinateur quantique ! ")
q = QuantumRegister(3)
c = ClassicalRegister(3)
circuit = QuantumCircuit(q, c)
circuit.h(q[0])
circuit.h(q[1])
circuit.h(q[2])
circuit.measure(q, c)
job = execute(circuit, backend, shots=100,
max_credits=3)
print(job.result().get_counts(circuit))
```

Voici le résultat :

```
The best backend is ibmqx4
```

On lance alors le calcul sur un vrai ordinateur quantique !

```
{'011': 14, '101': 12, '000': 19, '100':
11, '010': 13, '111': 5, '110': 10, '001':
16}
```

Vous avez désormais vu votre premier programme quantique tourner sur un vrai ordinateur quantique.

Pour ceux que cela intéresse, IBM propose aussi un simulateur complexe d'ordinateur quantique qui émule les vraies conditions (bruits, décohérence, etc.).

SYNTHÈSE

- ✓ IL EST AUJOURD'HUI POSSIBLE D'ACCÉDER À DE VRAIS ORDINATEURS QUANTIQUES DANS LE CLOUD.

- ✓ DES SIMULATEURS SONT DISPONIBLES DU PLUS SIMPLE AU PLUS COMPLEXE (BRUIT, DÉCORRÉLATION, ETC.).

- ✓ PYTHON EST UN LANGAGE DE CHOIX POUR COMMENCER À PROGRAMMER EN INFORMATIQUE QUANTIQUE

8.   LOI DE MOORE ET QUANTIQUE

Vous avez probablement entendu parler de la fameuse *Loi de Moore*. Si ce n'est pas le cas, voici en quelques mots, ce dont il s'agit.

Gordon Moore, illustre figure de l'histoire de l'Informatique et co-fondateur de Fairchild et d'Intel - excusez du peu - déclara dans les années 60 que le nombre de composants (les fameux transistors, éléments de base des microprocesseurs) doublerait chaque année à surface équivalente.

Une autre manière de formuler cette règle consiste à dire que la puissance de calcul doublerait chaque année à coût équivalent. Ce n'est pas vraiment une loi scientifique démontrable mais plutôt une vision qui s'est avérée vraie jusqu'à nos jours, malgré toutes les difficultés technologiques rencontrées.

Il est d'ailleurs intéressant de préciser que cette loi qui est linéaire, impressionnante au demeurant, fait moins bien que d'autres lois équivalentes, exponentielles, comme celles du développement des réseaux et téléphones mobiles et des technologie de séquencement du génome [1].

Actuellement, il existe une limite théorique à la poursuite de la Loi de Moore. En effet, en-deçà des 5 nm (nanomètres), il n'est plus possible de réduire la taille des transistors pour cause d'effet quantique, justement (*tunneling*) !

Mettons maintenant en parallèle la loi de Moore avec l'histoire de l'Informatique Quantique.

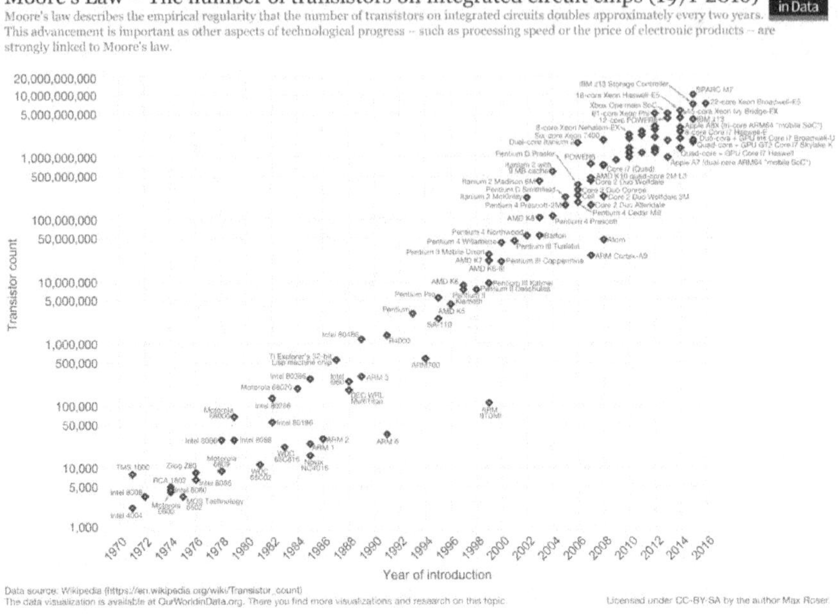

Figure 12 : Loi de Moore - évolution temporelle du nombre de transistors

Tout a commencé en 1960 par un papier du physicien israélien Stephen Wiesner qui proposa un système anti-fraude dans le domaine bancaire grâce à la transmission de deux messages dont la lecture de l'un détruisait l'autre. Mais ses travaux étaient trop en avance pour l'époque et ne furent reconnus qu'une dizaine d'années plus tard.

En 1973, le mathématicien soviétique russe Alexander Holevo [4] démontre un théorème fondamental de l'Informatique Quantique (le désormais fameux Théorème de Holevo). Ce théorème établit que *n* qubits ne peuvent pas *porter* plus de *n* bits classiques d'information, ce qui est pour le moins surprenant puisqu'il est mentionné plusieurs fois dans cet ouvrage que l'Informatique Quantique est bien supérieure à l'Informatique classique. Je renvoie ceux qui veulent comprendre ce paradigme particulier à l'Annexe de fin d'ouvrage.

Le physicien polonais Roman Stanislaw Ingarden [5] ouvre la porte en 1976 à la théorie de l'information quantique en proposant de généraliser le Théorème de Shannon à la physique quantique. Le Théorème de Shannon est un des principes de base de la théorie de l'information.

En mai 1981, lors d'une conférence au MIT, Richard Feynman énonce qu'il semble impossible de simuler l'évolution d'un système quantique de manière efficace sur un ordinateur classique. Il propose alors un modèle de base pour faire ce type de simulations [2].

Il faut attendre 1984 pour le premier élément quasi fondateur de l'Informatique Quantique, le fameux protocole BB84 de Charles Bennett et de Gilles Brassard [3], qui décrit comment échanger de manière sécurisée une clé de chiffrement privée grâce aux propriétés de la Physique Quantique. Les deux chercheurs sont considérés comme les pères fondateurs de l'Informatique Quantique. Charles Bennett est en particulier l'auteur des « 4 lois de la théorie de l'information quantique ».

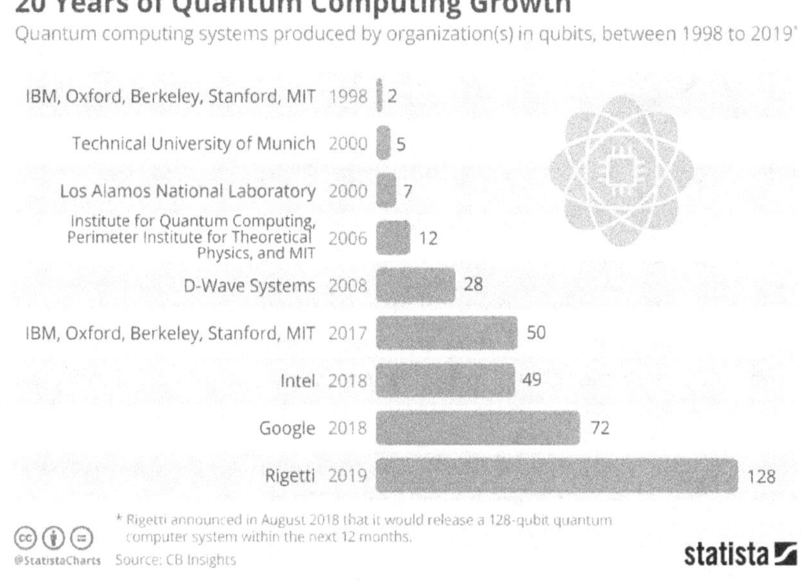

Figure 13 : 20 ans d'Informatique Quantique

Dix ans plus tard, une nouvelle pierre fondatrice est apportée par Peter Shor avec le fameux algorithme qui porte son nom. En l'essence, Shor démontra qu'un ordinateur quantique pouvait casser théoriquement n'importe quel algorithme de cryptographie basé sur la factorisation de grands nombres, ce qui est à la base de la cryptographie moderne. Nous y reviendrons.

IBM a proposé une nouvelle méthode de mesure des progrès de l'Informatique Quantique, une sorte d'équivalence de la Loi de Moore, le **Volume Quantique** (en anglais, *quantum volume*).

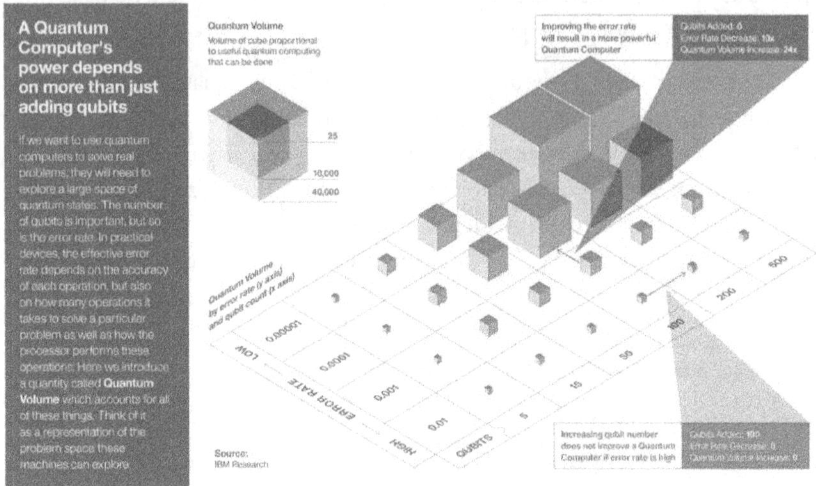

Figure 14 : Définition du Volume Quantique

Cette mesure est définie par le nombre de qubits, les taux d'erreurs et la connectivité entre qubits.

Cette définition est intéressante car il ne suffit pas de rajouter des qubits à un ordinateur quantique pour améliorer ses performances. Ce dernier est extrêmement sensible à toute perturbation (vibration, ondes, température) qui entraîne des erreurs de calcul.

Si on applique cette méthode de calcul aux propres systèmes quantiques d'IBM, on trouve une évolution similaire à la Loi de Moore de 2017 à 2019 (respectivement, 4, 8 et 16).

Cela étant dit, le domaine de l'algorithmique quantique évolue très rapidement.

En 2019, la société ProteinQure, spécialisée dans l'utilisation de l'informatique quantique et du Machine Learning dans le domaine pharmaceutique, introduit une notion intéressante : le *Quantum Value* (Valorisation Quantique). Elle propose de mettre en perspective 2 concepts :

-   La Valorisation Quantique qui consiste à l'amélioration de la façon de résoudre un problème grâce à un ordinateur quantique (ou une combinaison avec un ordinateur classique) pour obtenir de meilleurs résultats qu'avec une solution classique. On ne parle plus de vitesse d'exécution mais de résultats plus probants.

- L'Avantage Quantique qui permet de résoudre un problème grâce à un ordinateur quantique de manière plus rapide, moins coûteuse ou plus efficace qu'avec un ordinateur classique.

Le concept de Valorisation Quantique est pertinent car la barrière à l'entrée technologique (et probablement financière) est bien moins haute. Il fonctionne quand le type d'erreurs de l'algorithme quantique est différent (non corrélé) au type d'erreurs de l'algorithme classique.

Une autre manière (surprenante) d'exprimer ce concept est que l'algorithme quantique n'a pas besoin d'être nécessairement meilleur. Il suffit juste qu'il se trompe (le fameux taux d'erreurs) différemment que son confère classique. Cela signifie donc que le concept ne sera pertinent que sur certaines classes de problèmes qui correspondent à cette spécificité.

Imaginons l'exemple suivant qui est tiré de problématiques classiques en Intelligence Artificielle, ce qu'on appelle de la classification.

Prenons une base de 1 million d'images de chiens. Parmi ces images se sont infiltrés des chats. Notre mission consiste à trier ces images et à supprimer les images de chats. Prenons l'hypothèse qu'il y a 100 images de chats.

En Informatique classique, on va utiliser un algorithme d'Intelligence Artificielle de type *Deep Learning Classifier* (Classificateur en apprentissage profond). L'algorithme, bien que performant, ne va identifier que par exemple 90 images de chats. Il a donc loupé 10 chats, c'est ce qu'on appelle des *faux négatifs* (*false negatives*). On prend l'hypothèse qu'il n'a pas pris des chiens pour des chats, ce qui seraient *des faux positifs* (*false positives*).

Employons maintenant un algorithme quantique qui lui ne va trouver que 12 chats et qui semble donc moins performants, sauf que seuls 7 de ces chats ont déjà été trouvés par l'algorithme classique. Cela signifie que l'algorithme quantique a trouvé 5 chats que l'algorithme classique n'aurait jamais trouvé.

L'utilisation des deux algorithmes permet donc de trouver 95 chats et de diviser par deux le taux de faux négatifs.

Ce qui est sûr c'est que les différents fournisseurs de solutions quantiques vont rivaliser d'annonces dans les prochaines années et que le volume de communiqués de presse va suivre la Loi de Moore et doubler chaque année !

SYNTHÈSE

- ✓ LA LOI DE MOORE ÉTABLIT QUE LA PUISSANCE DE CALCUL DOUBLERA CHAQUE ANNÉE À COÛT ÉQUIVALENT EN INFORMATIQUE CLASSIQUE.

- ✓ EN INFORMATIQUE QUANTIQUE, LE NOMBRE DE QUBITS NE SUFFIT PAS POUR APPRÉCIER LA PUISSANCE D'UN SYSTÈME (PAR OPPOSITION AU NOMBRE DE TRANSISTORS EN INFORMATIQUE CLASSIQUE).

- ✓ LA QUALITÉ DES ALGORITHMES EST PRESQUE AUSSI IMPORTANTE QUE LA QUANTITÉ DES QUBITS.

- ✓ INFORMATIQUE CLASSIQUE ET INFORMATIQUE QUANTIQUE DOIVENT APPRENDRE À SE COMPLÉTER POUR CONSTRUIRE DES MODÈLES HYBRIDES D'ALGORITHMES ET DE CALCULS.

9.   EST-CE LA FIN DE LA CRYPTOGRAPHIE ?

On lit ou on entend souvent que l'Informatique Quantique va bouleverser certaines activités comme les transactions financières ou le commerce électronique car aucune cryptographie ne pourrait lui résister.

En mai 2018, lors d'une réunion du The Churchill Club à San Francisco, Arvind Krishna, directeur d'IBM Research, qu'on ne peut pas taxer d'illuminé, annonce : « *Quiconque souhaite protéger ses données pour après les 10 prochaines années doit passer sur une cryptographie post-quantique* ». Le message était clair : dans 10 ans, l'Informatique Quantique serait capable de casser les cryptographies actuelles.

Rappelons que la cryptographie regroupe des algorithmes mathématiques et des processus afin de protéger la confidentialité, l'intégrité et l'authenticité de données qu'on qualifie de messages [1]. Tout comme les messages secrets qu'on s'envoyait à l'école avec de l'encre constituée de jus de citron.

Certains parlent même de cryptographie *post-quantique* pour bien insister sur le fait qu'il y aurait une cryptographie *avant* et une cryptographie *après* l'avènement de l'Informatique Quantique.

Essayons d'y voir un peu plus clair dans ce qui ressemble fort à une légende urbaine.

Tout d'abord, il ne faut pas confondre cryptographie quantique et cryptographie post-quantique. La **cryptographie quantique** exploite les phénomènes quantiques. La **cryptographie post-quantique**, par abus de langage, fait référence à des algorithmes cryptographiques qui ne peuvent pas être résolus beaucoup plus rapidement par un ordinateur quantique que par un ordinateur classique.

Je vais commencer par faire un petit rappel sur la cryptographie (classique).

Il existe 3 grandes familles d'algorithmes (et d'applications associées) :

- Les fonctions de hashage (dite aussi de condensat) : Elles permettent de générer une sorte de signature, de tampon virtuel pour garantir et vérifier l'intégrité d'un fichier par exemple. C'est la technologie utilisée lorsque vous téléchargez un gros fichier sur un service de type Dropbox pour vérifier que le fichier téléchargé est le bon. Les certificats et les signatures électroniques exploitent aussi ces fonctionnalités. Par exemple : MD5, SHA-1, SHA-2.

- Le chiffrement symétrique : La technique la plus ancienne de cryptographe, dite à clé secrète, et utilisée dans tous les bons vieux films d'espionnage. En l'essence, la cryptographie symétrique existe depuis que l'Homme a besoin de protéger de l'information. On doit trouver préalablement un moyen de distribuer secrètement la clé (secrète) à ceux qui veulent échanger de l'information sécurisée. Ensuite, il suffit de chiffrer avec la clé secrète et de déchiffrer avec cette même clé. Cette technologie est très efficace en termes de puissance de calcul et de mémoire nécessaires. Par contre, elle nécessite l'échange de la clé secrète avec tous les inconvénients associés : perte, vol, utilisation détournée pour compromission, etc... Par exemple : DES, 3DES, AES.

- Le chiffrement asymétrique : Cette technique, qui date des années 70, dite à clé publique, permet d'éviter l'échange de la clé secrète rendu nécessaire avec le chiffrement symétrique. Elle est par contre consommatrice en temps de calcul et en mémoire car elle fait appel à la factorisation d'entiers ou à des calculs logarithmiques. Elle a révolutionné et révolutionne encore tous les jours notre vie : commerce électronique, crypto-monnaies, PGP, etc. Par exemple : RSA, courbes elliptiques.

En général, un cryptosystème utilise plusieurs types de cryptographies comme par exemple du chiffrement asymétrique pour échanger secrètement les clés privées du chiffrement symétrique qui cryptera ensuite les données.

La cryptographie asymétrique est basée sur la factorisation de nombres entiers de grande taille. Les nombres premiers sont des objets mathématiques qui ont des propriétés très particulières. Ce sont des nombres entiers qui ne sont divisibles que par 1 et par eux-mêmes. Ils sont donc tous impairs, à l'exception de 2 qui est le seul nombre premier pair. Tout nombre entier peut se décomposer en nombres premiers.

Par exemple :

$12 = 2 \text{ x } 2 \text{ x } 3$; aussi noté $2^2 \text{ x } 3$

$457 = 457$ (457 est donc un nombre premier)

$458 = 2 \text{ x } 229$

$459 = 3^3 \text{ x } 17$

Si on prend deux nombres premiers de grande taille (par exemple de 250 chiffres chacun) et qu'on les multiplie entre eux, il devient quasiment impossible à partir du seul résultat de faire le calcul inverse (cad une factorisation en nombres premiers), même pour un ordinateur extrêmement puissant. Cette particularité de non-réversibilité du calcul est à la base de la cryptographie symétrique.

En 1994, Peter Shor, alors professeur au respectable MIT, développa un algorithme quantique capable de factoriser des entiers plus rapidement qu'avec un ordinateur classique car le temps de calcul pour factoriser devint polynomial par rapport au nombre de chiffres et non plus exponentiel. Cette découverte permettait donc d'espérer pouvoir casser - théoriquement du moins - de nombreuses cryptographies asymétriques, dites à clé publique, connues à l'époque.

Toutefois, au niveau implémentation technique, cela présume qu'on puisse stocker et traiter de très grands nombres entiers dans un ordinateur quantique ce qui est loin d'être le cas pour l'instant.

En 1996, Grover proposa un nouvel algorithme quantique capable de chercher de manière très efficace des éléments dans une liste non-ordonnée ou dans une base de données non-structurée. Cet algorithme permet d'accélérer la recherche d'un certain type de clé de chiffrement (chiffrement symétrique). En effet, le temps nécessaire pour casser en force brute (en essayant toutes les combinaisons), n'est plus que de $2^{n/2}$ itérations au lieu de 2^n en Informatique classique.

Depuis lors, la notion de cryptographie post-quantique a été introduite par le NIST (National Institute of Standards and Technology) pour désigner tout algorithme capable de résister à l'Algorithme de Shor.

Ces algorithmes existent désormais. Il se classent en deux catégories : les plus intéressants sont considérés incassables par preuve mathématique (*preuve formelle*), les autres sont considérés comme suffisamment résistants en termes de nombre de qubits et de temps de déchiffrement nécessaires.

Par exemple, il a été prouvé mathématiquement que la classe d'algorithme dit Lattice est résistante aux ordinateurs quantiques. Aucun algorithme connu à ce jour ne sait casser ce type de cryptographie.

Dans le cas de la cryptographie symétrique, en l'état des connaissances actuelles, il est possible de conserver les algorithmes actuels sous réserve d'augmenter la taille des clés de chiffrement. Par exemple, pour l'algorithme très répandu AES, doubler la taille de 256 bits à 512 bits peut suffire.

Toujours en l'état des connaissances actuelles, les fonctions de hashage ne sont pas impactées par l'Informatique Quantique (bien qu'il y ait eu récemment de nombreuses failles détectées et exploitables par l'Informatique classique).

Cela étant dit, la situation n'est pas aussi tranchée ni claire.

Considérons pour simplifier qu'on souhaite évaluer la résistance d'un *message* avec chiffrement, c'est à dire chiffré grâce à un algorithme cryptographique. Il faut d'emblée prendre en compte la datation du message chiffré. Trois cas se présentent :

- Le message a été chiffré il y a longtemps (une dizaine d'années). Il y a alors de fortes chances pour que l'algorithme utilisé ait déjà été affaibli ou cassé. Il est aussi possible que les puissances de calcul actuelles – en Informatique classique – permettent de le déchiffrer en force brute (*brute force*). La force brute consiste à tenter de déchiffrer en essayant toutes les combinaisons possibles, ce qui peut prendre quelques minutes à quelques années. On se souvient par exemple du cassage des mots de passe des premières générations de Wi-Fi qui exploitait une faiblesse de l'algorithme permettant les attaques en force brute.

- Le message est chiffré aujourd'hui. Le choix de l'algorithme cryptographique et de la taille de la clé se fera selon le niveau de confidentialité et d'intégrité recherché et la disponibilité des moyens de chiffrement/déchiffrements locaux. La plupart des algorithmes actuels, s'ils sont correctement implémentés, permettent de garantir un haut niveau de sécurité pour encore de longues années. Toutefois, dans une vingtaine d'années, quand les ordinateurs quantiques auront évolué, on se retrouvera très probablement dans la situation précédente.

- Le message sera créé et chiffré dans le futur plus ou moins proche. Il semble évident que les cryptographies post-quantiques deviendront le standard de facto. Comme toute innovation technologique, exigeante en moyens, il est probable qu'elle soit (et sera) réservée dans un premier temps aux applications nécessitant un niveau important, persistant et garanti, de sécurité.

La venue d'un ordinateur quantique d'une capacité suffisante pour poser une menace à la cryptographie classique est encore lointaine. D'ici là, on peut penser que les recherches en matière de cryptographie post-quantique seront bien avancées, et que le changement des constructions cryptographiques pourra être largement anticipé.

DISTRIBUTION QUANTIQUE DE CLÉS

Une des applications de la physique quantique, grâce à l'intrication de qubits, est la distribution sécurisée de clés (QKD - Quantum Key Distribution). On a vu dans un chapitre précédent que la lecture de l'état d'un des qubits intriqués entraînait irrémédiablement la perte d'information sur l'autre qubit. Théoriquement cette propriété devrait permettre de déceler toute tentative de lecture d'une clé de chiffrement par un tiers si elle est transmise *quantiquement*. Elle est à la base du fameux protocole BB84 qui date de 1984.

Expliquons à quoi correspond ce protocole à la fois plus simple et plus compliqué qu'il n'y parait.

On a vu que le principal problème de la cryptographie symétrique était la distribution de la clé privée aux seules personnes autorisées à chiffer et à déchiffrer les messages. Si la clé est volée ou interceptée par un tiers, ce dernier peut déchiffrer les messages mais aussi en chiffrer de faux, à l'insu des personnes autorisées. Par exemple, pendant la Seconde Guerre mondiale, les Allemands ont ignoré pendant très longtemps que les Alliés avaient cassé leur système Enigma et pouvaient donc lire leurs messages secrets.

En cryptographie classique, on utilise donc la cryptographie asymétrique à clés publiques pour échanger en toute sécurité les clés privées et secrètes de la cryptographie symétrique qui servira à chiffrer les messages.

Toutefois, pour certaines communications extrêmement privées, il serait préférable de ne pas avoir à utiliser la cryptographie asymétrique pour la distribution des clés privées.

Le protocole BB84 a été proposé en 1984 par Charles H. Bennett, du centre de recherches d'IBM T.J. Watson, et Gilles Brassard, de l'Université de Montréal.

Un photon peut être polarisé selon deux axes (on parle de bases) : H : Horizontal (0) ou V : Vertical (Pi/2) et A : Antidiagonal (Pi/4) ou D : Diagonal (3pi/4). Les angles fictifs de représentation graphique sont entre parenthèses.

Considérons maintenant arbitrairement que les polarisations V et D représentent le bit d'information 1, et respectivement H et A, le bit d'information 0.

L'expéditeur va envoyer au destinataire une suite de photons polarisés aléatoirement selon les axes rectilinéaires et diagonaux (H, V, A ou D). Cette transmission s'effectue via une communication quantique, en général par fibre optique.

En Cryptographie, on aime bien personnaliser les rôles de l'émetteur et du destinataire. Il est courant de nommer Alice l'émetteur d'un message et Bob le destinataire. On introduit aussi la (méchante) Eve qui va essayer d'intercepter les messages entre Alice et Bob.

Le destinataire va recevoir cette suite (avec quelques photons perdus à cause de défauts de la transmission et/ou du détecteur) et va mesurer leur polarisation selon un axe (rectilinéaire ou diagonal) choisi au hasard pour chaque photon.

Une fois les mesures effectuées, le destinataire va utiliser un canal de communication non sécurisé comme Internet pour informer l'expéditeur de l'axe de mesure qu'il a utilisé pour chaque photon.

L'expéditeur compare avec ses propres choix et informe le destinataire des résultats qui sont corrects.

L'expéditeur et le destinataire comparent leurs résultats et rejettent tous les résultats où le destinataire s'est trompé (le destinataire n'a pas mesuré selon le bon axe) ou si le photon s'est perdu.

```
Pour représenter les polarisations des photons, nous
utilisons les symboles suivants :

+    rectilinéaire
O    diagonal

Pour représenter les mesures :

<    anti-diagonal
>    diagonal
|    vertical
-    horizontal

Exemple de processus d'échange :

Alice envoie une séquence de 32 photons polarisés
aléatoirement :

><><>|-<|-|--|><><><>|||<<>>|-<|>

Bob mesure selon des axes choisis aléatoirement à chaque
photon:

+++++O+O+O+O+O+O+++++++O+OOOO+O+

Et lit (avec quelques photons perdus) :

||--| -<| |>-<|<-||- |<->>< -> |

Bob annonce à Alice ses bases de mesure (en mentionnant les
photons perdus) via un canal de communication traditionnel :

+++++ +O+ +O+O+O++++ +O+OOO +O +

Alice lui répond :

 -<.|. < .<.. |

Bob répond :

 -<.|. < .<.. |

Le système n'a pas été compromis !
```

Figure 15 : Exemple de protocole BB84 d'échange quantique de clé

Pour espionner, Eve doit intercepter les photons envoyés par Alice, puis, pour chaque photon, mesurer sa polarisation selon un des axes, rectilinéaire ou diagonal. Mais surtout, sachant que la mesure change le photon, elle doit renvoyer un nouveau photon polarisé pour chaque photon intercepté. Hélas pour Eve, elle ne connaît pas l'axe choisi par Alice pour chaque photon. Comme elle ne peut mesurer le photon intercepté que sur un axe et qu'il est impossible de copier un photon (principe d'incertitude d'Heisenberg), cela signifie qu'elle a une chance sur deux de se tromper en renvoyant le photon.

Si on croise ça avec le fait que Bob a aussi une chance sur deux de se tromper d'axe de mesure, Eve introduira une erreur 1 fois sur quatre.

Pour résumer :

- Si la communication n'est pas écoutée par Eve ou un tiers, la probabilité d'une mesure correcte est de 3/4 (c'est-à-dire 1/2 * (1 + 1/2)).

- Si par contre, Eve intercepte le message, la probabilité est de 5/8 (c'est-à-dire 1/2 * (3/4 + 1/2)).

L'expéditeur et le destinataire comprennent qu'ils ont été espionnés si le résultat ne correspond pas à la bonne probabilité.

Si c'est le cas, ils réitèrent le processus.

Si ce n'est pas le cas, les informations transmises par le canal quantique deviennent la clé privée secrète.

En 1989, les deux chercheurs validèrent leur théorie par la pratique sur une distance de 32 cm.

Le lecteur attentif aura peut-être noté que ce protocole n'est valable que si Eve ne se fait pas passer pour Bob vis à vis d'Alice. Il convient donc qu'Alice et Bob se soient authentifiés mutuellement !

En 1991, Ekert publie un protocole de distribution de clés secrètes basé sur le principe de EPR et du théorème de Bell.

En mars 2019, la société singapourienne SK Telecom a annoncé sa Quantum Security Gateway, destinée à être installée dans les voitures communicantes (et éventuellement autonomes) pour protéger l'ensemble des systèmes du véhicule et toutes ses communications. Cette sécurité serait assurée par un générateur quantique de nombres aléatoires et la distribution quantique de clés de chiffrement. Pour rappel, SK Telecom avait pris en 2018 une participation majoritaire dans la start-up suisse ID Quantique qui protège depuis plusieurs années des réseaux sensibles comme ceux entre deux datacenters du monde bancaire.

Les premiers systèmes de cryptographie quantique sont apparus au début des années 2000. Certains ont été cassés ou amoindris mais comme d'habitude dans ce domaine, il s'agissait de défauts d'implémentations matérielles ou logicielles et non d'une remise en cause des principes quantiques. Certains protocoles étaient aussi biaisés par conception.

Les chercheurs développèrent alors des protocoles cryptographiques indépendants du matériel. Début 2019, des scientifiques chinois s'attaquèrent pourtant avec succès à ces nouveaux protocoles. Une histoire compliquée de résonance de lasers mais dont les mêmes chercheurs ont trouvé la contre-mesure.

85

Les chercheurs développèrent alors des protocoles cryptographiques indépendants du matériel. Début 2019, des scientifiques chinois s'attaquèrent pourtant avec succès à ces nouveaux protocoles. Une histoire compliquée de résonance de lasers mais dont les mêmes chercheurs ont trouvé la contre-mesure.

SYNTHÈSE

- ✓ L'INFORMATIQUE QUANTIQUE PEUT FACILITER LE CASSAGE DE CERTAINS ALGORITHMES DE CHIFFREMENT MAIS LES ORDINATEURS QUANTIQUES NÉCESSAIRES NE SERONT PAS DISPONIBLES AVANT PLUSIEURS ANNÉES

- ✓ DES ALGORITHMES DE CHIFFREMENT NON CASSABLES QUANTIQUEMENT EXISTENT

- ✓ IL EST POSSIBLE DE DISTRIBUER DES CLÉS DE CHIFFREMENT EN TOUTE SÉCURITÉ GRÂCE AU QUANTIQUE

10. QUEL IMPACT SUR L'INTELLIGENCE ARTIFICIELLE ?

Il y a peu de chances que vous ayez échappé au buzz actuel sur l'Intelligence Artificielle (IA). C'est un peu la tarte à la crème de tous les nouveaux projets informatiques et une start-up digne de ce nom aurait du mal à ne pas ajouter l'acronyme IA dans son *pitch*.

Ce que peu de personnes savent, c'est qu'il n'y a pas eu de révolution réelle en Intelligence Artificielle. L'auteur de ces lignes fut même diplômé en Intelligence Artificielle en… 1988. Sauf que pendant des années, il évita scrupuleusement de mentionner cette spécialité dans son CV, car il faut bien l'avouer, ses collègues de promotion et lui-même rasaient un peu les murs sur ce sujet. Son premier réseau de 4 neurones avait été programmé sur Excel (véridique !) puis en LISP (un langage intéressant mais tombé dans l'oubli).

La vraie révolution de l'IA est due à l'avènement des cartes de calcul parallèle de type GPU (ces mêmes cartes graphiques qui vous permettent de jouer sur votre ordinateur) et à la disponibilité de puissances de calcul bon marché sur le Cloud. Il est alors devenu possible de faire tourner ces bons vieux algorithmes d'IA avec des jeux de données et des réseaux de neurones de grande taille.

Les experts me diront que c'est une vision simplificatrice que j'assume. Je relativise toutefois mes propos car de très nombreux développements théoriques et technologiques ont été réalisés en IA dans la décennie 2010.

J'ai donc parlé de calcul parallèle, de neurones en grand nombre et de volumes importants de données. Voilà qui ressemble fort aux avantages procurés par l'Informatique Quantique et qui, en effet, a préoccupé les chercheurs bien avant qu'un ordinateur quantique digne de ce nom n'existe. Est-ce que la technologie quantique permettrait d'accélérer l'IA ?

En Informatique, tout est question de Mathématiques et d'algorithmes.

En IA, la plupart des algorithmes sont basés sur la résolution d'un type d'équations particulier : les équations linéaires ou plutôt un système de plusieurs équations linéaires. Les Mathématiques autour de cette problématique sont assez bien connues depuis des siècles et les ordinateurs classiques disposent d'algorithmes efficaces pour les résoudre.

Seul problème (et sans jeu de mots, il est de taille) : le temps de calcul pour résoudre ces équations linéaires est proportionnel *exponentiellement* au nombre d'inconnues.

En 2008, le terme *Quantum Machine Learning* devint une réalité grâce à Aram Harrow, Avinatan Hassidim et Seth Lloyd et leur fameux algorithme révolutionnaire HHL (Harrow, Hassidim, & Lloyd, 2009).

Celui-ci promettait une résolution quantique non plus exponentielle mais *logarithmique*, ce qui est un gain énorme dès que le nombre d'inconnues est élevé comme c'est le cas en IA.

Cet algorithme est encore utilisé comme base à de nouveaux algorithmes, en particulier en apprentissage machine supervisé (Supervised Machine Learning) qui est une branche technologique de l'IA. Il paraît même que Google s'en servirait pour calculer certaines propriétés de son fameux algorithme PageRank.

L'Informatique Quantique s'avère particulièrement adaptée à la reconnaissance de forme, un des champs d'application de l'IA. En 2016, des chercheurs californiens ont utilisé un ordinateur D-Wave 2X avec 1152 qubits pour analyser des centaines d'images satellitaires de la Californie. Le but était de détecter certains types d'arbres par vision assistée et reconnaissance de forme. Les résultats obtenus se sont avérés plus précis qu'avec un ordinateur classique.

Toutefois, il convient de relativiser tout l'enthousiasme autour de cet algorithme et de ses dérivés. En effet, une lecture attentive des conditions pratiques d'implémentation faite par plusieurs experts du sujet modère le gain de temps. Les conditions requises sont assez restrictives et comme d'habitude en Informatique Quantique, on ne mesure qu'une probabilité de résultat (il faut donc répéter plusieurs fois le même calcul et la mesure).

En Janvier 2019, un nouveau pas est franchi : les équipes du Centre de recherche J.T. Watson d'IBM, aux États-Unis, annoncèrent que pour la première fois un ordinateur quantique avait appris à reconnaître une forme par Apprentissage Supervisé (Supervised Machine Learning), un des domaines de l'Intelligence Artificielle.

Les calculs en Intelligence Artificielle vont nécessiter des milliers de qubits. Si plusieurs start-ups et chercheurs travaillent actuellement sur des algorithmes quantiques spécifiques à l'Intelligence Artificielle, le saut technologique ne sera réel que lorsque les ordinateurs quantiques auront suffisamment évolué en termes de nombre de qubits et de stabilité de ces derniers (temps de cohérence).

SYNTHÈSE

- ✓ INFORMATIQUE QUANTIQUE ET INTELLIGENCE ARTIFICIELLE SE COMPLÈTENT BIEN.

- ✓ DE NOMBREUSES SOCIÉTÉS UTILISENT LES DEUX TECHNOLOGIES DE MANIÈRE HYBRIDE POUR OPTIMISER CERTAINS TYPES DE CALCUL.

- ✓ LA TAILLE ACTUELLE DES ORDINATEURS QUANTIQUES NE PERMET PAS ENCORE DE SAUT TECHNOLOGIQUE MAJEUR EN INTELLIGENCE ARTIFICIELLE.

11. LE QUANTIQUE, MENSONGE OU VÉRITÉ ?

Je conviens que le titre de ce chapitre est un brin provocateur. C'est pourtant bien la phrase que j'ai entendue dans l'auditoire lors d'une de mes interventions en France en 2018. Mon éthique professionnelle m'empêche de dénoncer ici le lieu et le groupe de personnes concernées mais cela m'a rappelé un de mes rendez-vous en 1999 avec la direction de la stratégie d'un grand opérateur télécom qui m'avait refroidi de la même manière concernant la vidéo à la demande (VOD). On connaît la suite…

Je pense que j'ai eu la bonne réaction : j'ai interrompu ma présentation et j'ai montré sur l'écran l'exécution d'un programme en Python sur un ordinateur quantique disponible dans le Cloud. Un programme simple, une simulation de lancer de pièces de monnaie, mais sur un vrai ordinateur quantique avec 4 qubits. J'ai aussi fait remarquer que le fournisseur du service mettait à disposition un ordinateur de 16 qubits.

Alors, me direz-vous, mensonge ou vérité ? Parce qu'il faut bien reconnaître qu'on ne va pas révolutionner le monde avec la simulation d'un jeu de pile ou face.

J'ai l'habitude de répondre par une plaisanterie (quantique !) : L'Informatique Quantique est actuellement simultanément mensonge et vérité.

En l'état actuel, à l'aube des années 2020, l'industrie de l'Informatique Quantique est encore très loin de mettre sur le marché les ordinateurs disposant de milliers de qubits logiques (ou millions de qubits physiques) dont on aurait besoin pour révolutionner le monde.

Dans un même esprit, il faut être conscient que le développeur quantique n'est pas encore une espèce qui court les rues. Les formations sont rares, les débouchés aussi et les sociétés de service ne sont pas encore intéressées. Mais cela va probablement vite changer.

Comme toute révolution technologique, ce sont les industries à forts revenus ou valeur ajoutée qui vont être les premiers utilisateurs : les GAFAM et leurs équivalents chinois, les BATX, les secteurs de la finance, de l'industrie pharmaceutique, de la chimie. Ce n'est pas demain que tout un chacun aura un ordinateur quantique chez lui mais personne n'a aujourd'hui un supercalculateur de type HPC à la maison.

Permettez-moi de faire un retour en arrière, en 1968, pour rappeler au lecteur un grand moment de l'Informatique oublié. Le 9 Décembre 1968, M. Doug Engelbart de l'Université de Stanford, qui devrait être aussi connu aujourd'hui que Steve Jobs, enregistre une démonstration publique quasi révolutionnaire, montrant ce qu'allait devenir l'Informatique. À cette époque le public connaît à peine ce qu'est un ordinateur : un tas d'armoires dans des salles climatisées avec des lecteurs de cartes perforées et des téléscripteurs. Dans cette démonstration, connue désormais sous le nom « *Mother of all demos* », Engelbart utilise la première souris, exploite une interface graphique, des fenêtres dont il change la taille à la souris, des liens hypertextes sur lesquels il pointe, de la visioconférence, du traitement collaboratif et du traitement de texte. Rien que ça.

Grand visionnaire, il parlait même d'humain *augmenté* grâce à l'Informatique.

Pourquoi citer Engelbart et sa démonstration ? Parce qu'en Informatique Quantique, nous en sommes au même stade grossièrement parlant. Les concepts clés sont connus mais on balbutie encore.

Les premiers prototypes d'ordinateurs quantiques sont apparus au début des années 2000. Depuis 2010, des sociétés comme D-Wave, Rigetti Computing, IonQ, IBM ou Google font des annonces périodiques et mettent déjà à disposition des accès à leurs machines via le Cloud.

L'Europe n'est pas en reste avec les simulateurs quantiques d'Atos qui permettent de tester et d'optimiser des algorithmes quantiques pour des futures utilisations en conditions réelles (bruit, décohérence, etc.).

En 2001, un équipe d'IBM démontra qu'il était possible d'utiliser l'algorithme de Shor pour factoriser le nombre 15 = 3 x 5, grâce à un ordinateur à 7 qubits (technologie à résonance magnétique nucléaire RMN/NMR). Ce fut un peu la « *Mother of all quantum demos* ».

Puis, d'autres chercheurs effectuèrent le même calcul mais avec des qubits à photons. Il fallut attendre 2012 pour avoir le même résultat avec des qubits à pièges à ions et pour arriver à factoriser 21.

En avril 2012, nouveau record avec la factorisation de 143 = 11 x 13 avec un algorithme différent, qui permet en 2014 de factoriser 56153 = 233 x 241.

D-Wave, financée à hauteur de \$200 millions, a annoncé une plate-forme de 5000 qubits en 2020, à comparer aux 2000 qubits de sa technologie en 2018. Le nombre peut paraître impressionnant mais les qubits de D-Wave ne sont pas les mêmes que ceux de ses concurrents IBM, Rigetti ou Google. Leur temps de cohérence est bien plus faible par choix technologique et le calculateur quantique est conçu pour résoudre des problèmes particuliers. Il est intéressant de remarquer que cette société fait aussi un bond au niveau des interconnexions, passant de 6 à 15 interconnexions entre qubits.

De son côté, IonQ a prouvé en mars 2019 que son système quantique résolvait des problèmes complexes de manière bien plus efficace qu'un ordinateur classique obligé d'utiliser la force brute pour ce type de problèmes (algorithmes Bernstein-Vazirani et Hidden Shift, respectivement 78% et 35% au premier essai pour l'ordinateur de IonQ contre 0.1% pour un ordinateur conventionnel). C'est un résultat concret et probant qui offre de sérieux horizons au calcul quantique.

A l'heure où j'écris ces lignes (2019), l'ordinateur quantique le plus puissant intègre 128 qubits (Rigetti Computing) et dispose d'un nombre d'instructions limitées mais adressables en langages évolués comme C++ ou Python. Les experts s'accordent pour dire que le changement de paradigme sera une réalité lorsqu'on sera capable de réaliser un processeur quantique disposant de millions de qubits physiques, tout comme on sait le faire en Informatique traditionnelle.

La route est donc encore longue.

12.   MON BUSINESS SERA-T-IL CONCERNÉ ?

Si on écoute les plus optimistes, l'Informatique Quantique devrait être une révolution supérieure à l'arrivé de l'Internet. Pour les plus pessimistes, qui se targuent de réalisme, ça ne serait qu'un pétard mouillé qui n'impactera que faiblement notre société par un champ d'application extrêmement limité.

Il est difficile actuellement de trancher. Deux axes d'amélioration de l'Informatique Quantique sont à suivre : l'algorithmique et la correction d'erreurs.

L'algorithmique permet de trouver des moyens de calculer plus vite et plus efficacement grâce au Quantique. En général, on passe d'un temps de calcul exponentiel à un temps de calcul linéaire ou logarithmique. Parfois, on ne dépasse pas la simplification exponentielle mais c'est déjà quand même une rupture technologique pour certains calculs.

La correction d'erreurs, qu'elle s'effectue au niveau des qubits physiques et logiques, de l'architecture, de la communication inter-qubits ou de la programmation, permet d'augmenter la puissance d'un calculateur quantique à nombre de qubits équivalents (sans parler de l'optimisation du temps de cohérence).

C'est probablement sur ces deux axes que tout va se passer dans les 5 années à venir.

Ce qui est sûr, c'est que la plupart des grandes entreprises de technologies investissent énormément dans ce domaine, suivies, il est vrai un peu à la traîne, par les États, dont l'Europe et la France.

Les applications sont déjà nombreuses et prometteuses :

- Internet quantique : Véritable promesse de disposer d'un Internet sécurisé, il permettra de relier les grandes métropoles ou les réseaux sensibles des entreprises ou des opérateurs d'infrastructures vitales.

- Horloge atomique quantique : Ces horloges extrêmement stables et précises permettent d'optimiser par exemple le fonctionnement des GPS, de garantir la synchronisation des réseaux d'énergie (le fameux Grid) ou de systèmes de télécommunications complexes.

- Capteur quantique : L'état de superposition des qubits est extrêmement sensible à son environnement, ce qui permet de s'en servir comme capteur, par exemple de champs magnétiques très faibles, ou comme détecteur de particules. L'interférométrie peut aussi bénéficier du quantique. Plusieurs applications semblent émerger tant en médecine pour des analyses non invasives que pour la détection de certains minerais sous le sol.

- Simulateur quantique : Il ne s'agit pas là d'ordinateur classique qui simule un ordinateur quantique mais bien d'un ordinateur quantique qui simule au niveau quantique des systèmes complexes comme des interactions atomiques ou moléculaires ou des propriétés en chimie biomoléculaire.

Nous avons déjà parlé des impacts sur la Cryptographie et sur l'Intelligence Artificielle en termes de technologies intrinsèques. Abordons maintenant le côté applicatif, par secteur d'activités.

Un des exemples d'applications souvent cité est la conception d'une nouvelle molécule, qu'elle soit pour le domaine pharmaceutique ou chimique. L'ordinateur quantique permet de simuler toutes les positions de tous les atomes de la nouvelle molécule, avant même qu'elle puisse être synthétisée. Des entreprises se sont même spécialisées dans ce domaine : Qulab, ProteinQure, Heisenberg ou même Entropica Labs qui travaille dans les analyses génétiques.

L'ingénierie financière va être aussi impactée. L'Informatique Quantique, adaptée et couplée à l'Intelligence Artificielle, permet assez facilement de trouver la meilleure combinaison de titres dans un portefeuille de 100 ou plus titres, avec arbitrages périodiques. D'après JP Morgan Chase, même ses meilleurs traders ne font pas mieux. La société QxBranch est un des acteurs sur ce secteur.

LA LOGISTIQUE

Les promoteurs de l'Informatique Quantique mettent souvent en avant la résolution des problèmes de type route optimale, ou dits du commis-voyageur. En effet, la problématique revient à calculer le déplacement optimal d'un VRP sur plusieurs dizaines de villes en tenant compte de plusieurs facteurs, dits contraintes, comme la consommation d'essence, le nombre de kilomètres parcourus au total, le nombre de nuits d'hôtel, etc…

C'est une classe de problèmes assez connus en logistique. L'Informatique Quantique associée à l'Intelligence Artificielle pourrait y exceller et apporter des gains de productivité importants. Toutefois, pour être pertinent dans des cas réels, il faut disposer de plusieurs milliers de qubits.

LA MÉDECINE

Une fois de plus, l'alliance entre l'Intelligence Artificielle (du moins, ses algorithmes) et l'Informatique Quantique peut être déterminante. Plusieurs études sont effectuées actuellement dans la recherche ou le diagnostic des cancers ou le comportement du corps humain par rapport à certaines molécules, afin de permettre une personnalisation des traitements.

Plusieurs start-ups travaillent aussi sur l'optimisation des techniques d'IRM (Imagerie par Résonance Magnétique) grâce à l'amélioration de la sensibilité de détection des champs magnétiques et de la précision de mesure.

LA CLIMATOLOGIE

La météorologie et plus généralement la climatologie font partie des plus gros utilisateurs de calculateurs à haute performance (HPC). Il est donc normal que ces disciplines se tournent vers l'Informatique Quantique dont le bestiaire d'algorithmes correspond assez bien à leur problématique.

Actuellement, les chercheurs se focalisent sur les modèles de changement climatique, véritable enjeu de société.

L'AUTOMOBILE

En mai 2019, lors du Web Summit de Lisbonne, Volkswagen et D-Wave ont surpris en proposant une application de prédiction de trafic routier en temps réel basée sur un ordinateur quantique. Avec à la clé une réduction des embouteillages, des accidents et de la pollution, fruit d'un partenariat de plus de deux ans entre les deux sociétés.

Volkswagen n'est pas le seul fabricant automobile à s'intéresser à l'Informatique Quantique. Ford a une équipe dédiée qui travaille en étroite collaboration avec ses équipes d'Intelligence Artificielle et avec la NASA. L'équipementier Bosch a mis en place un partenariat avec la spin-off Zapata Computing de l'université d'Harvard. L'équipementier japonais Denso utilise l'Informatique Quantique pour optimiser les déplacements de ses véhicules automatisés.

Un des autres challenges actuels de l'industrie automobile est l'amélioration des capacités de stockage, de la taille et du poids des batteries des véhicules électriques. Daimler, IBM et Google travaillent en partenariat sur la modélisation au niveau atomique des constituants de ces batteries comme le Lithium.

LA NAVIGATION

Le principe quantique de superposition est extrêmement sensible aux champs magnétiques. Des chercheurs travaillent à exploiter cette particularité afin de développer un nouveau type d'accéléromètre qui pourrait remplacer un système GPS lorsque ce dernier n'est pas utilisable (par exemple sous l'eau).

Autre exemple, en France, le Laboratoire de Photonique Numérique et Nanosciences a associé un accéléromètre quantique à un accéléromètre classique pour effectuer une mesure différentielle très précise.

LA SISMOLOGIE

Sur les mêmes bases théoriques, il est possible de développer un gravimètre quantique qui détecte des objets enterrés très profondément ou des modifications du champ gravitationnel terrestre. En effet, un gravimètre n'est qu'un type d'accéléromètre très sensible spécialisé dans la mesure d'une accélération verticale proche de la pesanteur terrestre.

La start-up anglaise QuantIC travaille sur un système portable qui permettrait de mieux prédire les tsunamis et les tremblements de terre.

L'INDUSTRIE PHARMACEUTIQUE

Étroitement liée à la chimie, l'industrie pharmaceutique est probablement la plus concernée et impactée par la révolution quantique.

De nombreuses sociétés, à l'image de la start-up 1QBit, travaillent à la conception d'algorithmes spécialisés, mêlant Quantique et Machine Learning.

Elles recherchent des nouveaux anticorps au niveau moléculaire, simulent le pliage des protéines (indispensable pour comprendre leur fonctionnement) ou modélisent des systèmes immunitaires.

Les champs d'applications dans la recherche de nouveaux médicaments sont très vastes avec des perspectives de retour sur investissement énormes : maladie d'Alzheimer, sclérose en plaques, cancers, etc.

LA PHYSIQUE

Lors de son discours fondateur en 1981, le fameux professeur Richard Feynman suggéra que le seul moyen de construire une simulation du monde physique au niveau quantique était d'utiliser une machine quantique.

Les physiciens sont donc les premiers intéressés par l'Informatique Quantique pour vérifier des hypothèses ou effectuer des calculs complexes, impossibles à réaliser avec un ordinateur classique.

LA CHIMIE

Les chimistes rêvent de pouvoir simuler le fonctionnement de molécules complexes comme les protéines. Même les ordinateurs classiques les plus puissants ne sont pas toujours capables de le faire.

Il semble naturel d'utiliser un ordinateur quantique pour calculer ou simuler les effets quantiques au niveau intramoléculaire.

Toutefois, même si les recherches sont actuellement prometteuses, les ordinateurs quantiques n'ont pas encore la taille nécessaire pour effectuer ce genre de calcul.

Le constructeur automobile Volkswagen et le fabricant d'ordinateurs quantiques D-Wave collaborent dans la recherche de nouveaux matériaux grâce à l'Informatique Quantique. En 2019, ils ont présenté des résultats encourageants (mais globalement assez limités pour l'instant) dans la recherche des états d'énergie d'un hybride de molécules d'hydrogène et de lithium.

Les deux molécules sont bien connues des chimistes. IBM avait déjà travaillé sur ce sujet en 2017 avec des calculs quantiques mais l'utilisation de la technologie D-Wave est une avancée intéressante.

Volkswagen pense pouvoir utiliser les futurs calculateurs quantiques D-Wave pour concevoir sa prochaine génération de batteries pour voiture électrique, des panneaux solaires optimisés et la recherche sur de nouveaux matériaux.

Les secteurs d'application sont nombreux et incitatifs au niveau retour sur investissement.

LES JEUX VIDÉOS

L'industrie du jeu vidéo représente désormais un secteur majeur des activités de loisirs et un chiffre d'affaires mondial de quasi 50 milliards en 2017.

Elle pourrait bénéficier de l'Informatique Quantique sur plusieurs aspects : optimisation des moteurs qui gèrent la physique des solides (par exemple la simulation d'un objet qui tombe et se casse), NPC (Non Player Characters) et bots plus intelligents (en couplage avec de l'Intelligence Artificielle), mais aussi optimisation des systèmes de paris sportifs en temps réel et surtout, hélas, capacité éventuelle à tricher sur certains jeux en ligne, comme le poker.

En parallèle, les chercheurs en Intelligence Artificielle poursuivent leur quête de la Machine contre l'Humain : Échecs, Go, Magic : L'Assemblée (Gathering), etc. Ils vont probablement utiliser les spécificités algorithmiques de l'Informatique Quantique pour résoudre ce type de problèmes.

SYNTHÈSE

- ✓ LA QUASI GLOBALITÉ DES SECTEURS INDUSTRIELS VA ÊTRE IMPACTÉE.

- ✓ POUR L'INSTANT, NOUS EN SOMMES ENCORE AUX PREUVES DE CONCEPT.

- ✓ IL SERA NÉCESSAIRE D'AVOIR DES SYSTÈMES QUANTIQUES STABLES AVEC DES MILLIERS VOIRE DES MILLIONS DE QUBITS DISPONIBLES ET INTERCONNECTÉS.

13.   JE VEUX MONTER MA START-UP QUANTIQUE !

Dans un article très pertinent et quasi fondateur du Monde du 26 mars 2019 [6], Charles Beigbeder et Christophe Jurczak, plaident pour une nécessaire politique publique française et européenne de la Physique et de l'Informatique Quantique.

Il existe déjà des start-ups dans le domaine de l'Informatique Quantique. La plus connue est probablement Rigetti Computing, du nom de son fondateur. IonQ a aussi fait une arrivée remarquée grâce à la maîtrise de sa technologie et aux résultats pragmatiques et concrets de ses travaux sur les algorithmes.

La France n'est pas en reste avec des start-ups comme LightOn ou Pasqal. À côté des mastodontes que sont IBM ou Google, elles essaient de se faire une place sur ce marché à peine naissant, grâce à leurs choix et à leurs innovations technologiques. En Informatique Quantique, cette avantage de la taille est encore plus dramatique et déterminant qu'en Intelligence Artificielle. Cela se comprend aisément eu égard aux montants des investissements nécessaires, aux cerveaux qu'il faut attirer et au retour sur investissement assez lointain. Rappelons toutefois que Rigetti a déjà levé \$120M pour son développement.

Elles doivent aussi faire des alliances stratégiques nécessaires pour survivre face à leurs concurrents aux moyens financiers énormes. Par exemple, Rigetti s'est alliée pour son service Quantum Cloud Services à Amazon et à son offre de Cloud AWS pour concurrencer IBM.

Des incubateurs dédiés se sont aussi montés comme le Creative Destruction Lab à Toronto, Canada.

Cela me rappelle un comics de Dilbert© : « *The project exists in a simultaneous state of being both totally successful and not even started* ». Cela peut s'appliquer autant à certaines start-ups qu'à un projet d'Informatique Quantique. Ou les deux.

Dans ma carrière, j'ai eu l'occasion de participer à pas mal de due diligences sur des opérations de financement de start-ups ou de rachat. Et aussi, à l'inverse, de me retrouver dans le siège, souvent pas très confortable, du CEO de la start-up ou de la société rachetée. À part quelques rares fonds d'investissement qui connaissent vraiment les technologies (cf la préface de Charles Beigbeder de Quantonation) et bien évidemment ceux qui sont mes clients (*sourire*), nombre sont les VCs qui se comportent comme des moutons. Il suffit, selon les saisons et les années, d'inclure certains mots magiques dans son *pitch* ou son *deck*/*stack* : Blockchain (qui n'est cependant plus très à la mode…), IoT, Intelligence Artificielle, Cybersécurité, etc…

Plus sérieusement, nous allons probablement assister, hélas, au même phénomène qu'avec l'Intelligence Artificielle dans la décennie 2010. Le terme IA ou AI a fait vendre et on le retrouve encore employé à toutes les sauces par des sociétés en mal de levées de fonds ou de clients. Attendons-nous donc à une floppée de start-ups qui vont laver quantiquement plus blanc que blanc et qui arriveront à séduire des investisseurs mal informés, tout particulièrement en capital d'amorçage (*seed capital*).

Rappelons que l'Informatique Quantique est extrêmement complexe, qu'elle nécessite des investissements énormes, qu'elle exige d'attirer et de conserver des talents rares et chers et que les premiers entrants ont déjà déposé pas mal de brevets.

Mon humble opinion est que le Graal quantique, s'il en existe un, se trouvera plus au niveau de l'équivalent de la fabrication et de la vente des pelles et des jeans lors de la Ruée vers l'Or si vous me permettez ce rapprochement.

Preuve que ce n'est pas facile même au niveau applicatif : en 2018, Rigetti Computing a offert $1M, via son concours Quantum Advantage Prize, pour récompenser la meilleure proposition qui permette de résoudre, grâce à ses services d'Informatique Quantique dans le Cloud, un problème *utile* (sic) de manière *plus efficace, plus rapide ou moins chère* qu'un ordinateur classique. Pour Rigetti, le fondateur de la société éponyme, la question n'était plus de savoir s'il était possible ou non de faire un ordinateur quantique - il en existait déjà plusieurs – mais bien d'identifier *l'avantage quantique*.

Voici une liste (actualisée à 2019) de quelques exemples de start-ups quantiques qui me semblent intéressantes et prometteuses :

- **1QBit**, société canadienne d'expertise quantique, propose un kit de développement (SDK) et des interfaces (API) vers sa plateforme de calcul quantique qui est indépendante de type d'ordinateur quantique. Le World Economic Forum a distingué cette société en tant que Technology Pioneer en Informatique Quantique.

- **Entropica Labs**, société singapourienne, construit une plate-forme algorithmique spécialisée en bio-informatique, à base d'Informatique Quantique et d'Intelligence Artificielle. Son objectif est de mieux modéliser les interactions au niveau moléculaire.

- **GTN**, société anglaise fondée en 2016, développe des modèles de calcul mêlant Intelligence Artificielle et Informatique Quantique pour découvrir de nouveaux médicaments.

- **Muquans**, société française fondée en 2011, conçoit et fabrique des capteurs quantiques innovants.

- **OTI Lumionics,** société canadienne, découvre de nouveaux matériaux et conçoit des nouvelles technologies pour écrans OLED grâce à l'Intelligence Artificielle et à l'Informatique Quantique.

- **ProteinQure**, société canadienne, conçoit et teste des nouveaux médicaments à base de protéines. Elle utilise l'Informatique Quantique pour simuler comment une protéine se plie en complément de calculs plus classiques de simulations moléculaires sur GPU et d'Intelligence Artificielle.

- **QxBranch**, société américaine fondée en 2014, spécialisée dans l'analyse prévisionnelle (analyse de prix et de marchés, analyse de risques, fraude, comportement client) pour les secteurs financiers, pharmaceutiques, les assurances et les media.

- **Qulab**, société américaine, spécialisée dans la conception moléculaire automatisée pour les secteurs de la chimie et de l'industrie pharmaceutique. La société est partenaire de Rigetti Computing. Elle recherche constamment à optimiser ses algorithmes d'Intelligence Artificielle via le Cloud avec les dernières nouveautés au niveau Informatique Quantique et des cartes graphiques spécialisées (GPU).

- **QCWare**, société américaine fondée en 2014, qui conçoit une plate-forme de développement et des algorithmes indépendants du type d'ordinateur quantique. Cette couche d'abstraction (SDK et API) permet aux entreprises clientes de se concentrer sur la résolution des problèmes métiers sans se préoccuper de la complexité de l'Informatique Quantique. La plate-forme est disponible via le Cloud.

- **Riverlane Research**, société anglaise, utilise l'Informatique Quantique pour découvrir et concevoir de nouveaux matériaux et médicaments. La société a développé un ordinateur quantique virtuel qui permet de tester et d'exécuter des algorithmes spécifiques à la Chimie.

- **Solid State AI**, société canadienne, exploite l'Informatique Quantique et Intelligence Artificielle pour résoudre des problèmes complexes en maintenance prédictive, optimisation de la production ou des rendements et amélioration de la qualité dans des processus industriels.

- **Strangeworks**, société américaine, propose une approche pragmatique de la programmation quantique, indépendamment du matériel utilisé.

- **Zapata Computing**, société américaine, spin-off de Harvard en 2017, est spécialisée dans la conception d'algorithmes quantiques pour les secteurs de la chimie, de la finance, de l'industrie pharmaceutique, de la logistique et de l'ingénierie des matériaux.

Les principaux acteurs, Microsoft, Google, IBM, Rigetti, D-Wave, mettent en place des programmes de partenariat avec les start-ups les plus prometteuses.

Deux secteurs me semblent promis à un fort développement :

- Les sociétés spécialisées dans l'utilisation de l'Informatique Quantique dans un domaine spécifique qui nécessite une expertise métier algorithmique pointue (chimie, biologie, génétique, finances) ;

- Les sociétés de service (SSII, ESN) qui vont former, certifier et mettre à disposition de leurs clients des ingénieurs de développement en Informatique Quantique. VoltaNode en est un exemple, avec un cursus complet de formation et de placement d'ingénieurs.

14.   CONCLUSION

À la fin de mes conférences, j'ai régulièrement droit à la même question, « *Quelle est la Killer Application de l'Informatique Quantique ?* ». Ma réponse déçoit : « *Aucune pour l'instant. On cherche encore.* »

On me pose aussi souvent une autre question, au demeurant légitime, « *Est-ce qu'un ordinateur quantique pourra un jour simuler un cerveau humain ?* ». Vous allez détester ma réponse, forcément quantique : « *Oui et Non* ».

Modéliser, simuler et remplacer le cerveau humain est un des grands projets du *transhumanisme*. Un projet de ce type existe, à l'échelle européenne, le « Human Brain Project », dirigé par le neuroscientifique israélien Henry Markram et doté d'un impressionnant budget de 1,2 milliards d'euros. Les premiers résultats sont attendus pour 2024. Très controversé au sein même de la communauté scientifique européenne, le périmètre du projet a été réduit devant sa complexité. Le cerveau principal humain (le cortex) dispose de plusieurs milliards de neurones qui se connectent chacun jusqu'à 10 000 autres neurones, via des dizaines de chemins chimiques différents (les canaux ioniques) qu'emprunte une dizaine de messagers chimiques. Bref un système complexe d'au moins 10 000 milliards de variables.

Il est peu probable que le grand public puisse posséder chez soi un ordinateur quantique avant une bonne cinquantaine d'années mais nous avons vu que, dès aujourd'hui, il est possible d'accéder à cette technologie via le Cloud.

Au début des années 2010, l'Ordinateur Quantique était encore une vue théorique et la plupart des experts s'accordaient pour dire qu'il fallait disposer de centaines de milliers ou de millions de qubits pour développer un ordinateur quantique utilisable, à cause des erreurs quantiques.

On disait aussi que pour être pertinent, il fallait qu'un ordinateur quantique dispose d'un nombre de qubits supérieur au nombre de qubits qu'un ordinateur classique pouvait simuler.

Aujourd'hui, à l'aube des années 2020, le paradigme a radicalement changé grâce à de nouveaux algorithmes hybrides qui identifient et corrigent mieux les erreurs quantiques. Disposer d'un ordinateur quantique avec quelques dizaines de qubits seulement est déjà très intéressant. Atteindre 80 à 100 qubits semble une cible possible en 2020. En 2019, Google a annoncé disposer d'un système à 72 qubits et Rigetti annonce 128 qubits pour fin 2019.

Je terminerai par cette phrase du fondateur de D-Wave, Jeremy Hilton :

« LA RÉVOLUTION DE L'INFORMATIQUE QUANTIQUE SERA PROBABLEMENT PLUS PROFONDE QUE CELLE DE L'INFORMATIQUE CLASSIQUE ET DU DIGITAL, IL Y A UN DEMI-SIÈCLE ET ELLE SURVIENDRA BIEN PLUS RAPIDEMENT. »

15. LE COIN DES MATHEUX

Lorsque j'ai fait relire la première version de cet ouvrage à quelques connaissances professionnelles, j'ai eu immanquablement la même critique, formulée différemment selon le niveau technique de mes interlocuteurs : il manquait des preuves ou des explications mathématiques. Le livre étant destiné au plus large public dans un esprit de vulgarisation, mon parti pris avait été de réduire la connaissance nécessaire en Mathématiques au strict minimum. On me rétorqua qu'un lecteur assoiffé de savoir ou simplement curieux de nature aurait peut-être envie d'aller plus loin pour comprendre réellement ce qui se cache derrière ces phénomènes quantiques si mystérieux.

J'ai entendu ces critiques et décidé d'inclure, dans cette annexe, pour les plus matheux de mes lecteurs, une brève introduction mathématique à l'Informatique Quantique. J'ai toutefois volontairement limité ces quelques pages aux principes de base qui devraient être accessibles à toute personne ayant obtenu son Baccalauréat, son DÉC ou sa Maturité.

Spoiler : Il vaut mieux relire un peu ses cours d'Algèbre linéaire.

Disclaimer : Ce qui suit s'applique uniquement aux qubits dans un système isolé de l'univers, donc n'est pas totalement vrai dans la réalité, mais avec le quantique vous devez en avoir pris l'habitude !

En Quantique, on travaille dans un espace de Hilbert $\mathcal{H}$, qui est un espace vectoriel sur le corps des nombres complexes $\mathbb{C}$ avec un produit scalaire.

Rappelons qu'un nombre complexe z s'écrit :

$z = a + ib$ où a et b sont des nombres réels et i est un nombre imaginaire tel que $i^2 = -1$.

Le **produit scalaire** est une opération algébrique qui associe un nombre complexe à deux vecteurs d'un espace vectoriel sur le corps $\mathbb{C}$. Il ne faut pas le confondre avec le produit vectoriel dont le résultat est un vecteur et non un scalaire. Soit u et v, deux vecteurs, il existe plusieurs notations pour représenter le produit scalaire, $u \cdot v, (u|v), \langle u|v \rangle, \langle u, v \rangle$, mais celle d'usage pour la mécanique quantique est $\langle u|v \rangle$.

Si on bascule en écriture matricielle, par exemple dans $\mathbb{C}^4$:

$$U = \begin{bmatrix} x_1 \\ x_2 \\ x_3 \\ x_4 \end{bmatrix}, V = \begin{bmatrix} y_1 \\ y_2 \\ y_3 \\ y_4 \end{bmatrix}, \qquad x_n, y_n \in \mathbb{C}$$

$$\langle u|v \rangle = {}^tUV = \begin{bmatrix} x_1 & x_2 & x_3 & x_4 \end{bmatrix} \begin{bmatrix} y_1 \\ y_2 \\ y_3 \\ y_4 \end{bmatrix}$$

$$= x_1 y_1 + x_2 y_2 + x_3 y_3 + x_4 y_4$$

Avec ${}^tU$ qui est la transposée de U et ${}^tUV$ le produit matriciel.

LE QUBIT DANS TOUS SES ÉTATS

Un qubit a un état quantique qui est une distribution probabiliste. En utilisant la notation propre à l'univers quantique (notation de Dirac), on peut écrire cet état quantique sous forme d'un vecteur colonne $|\psi\rangle$, appelé *ket* (on prononce « ket psi »), avec $a_0, a_1 \in \mathbb{C}$. C'est le fameux vecteur de la représentation sphérique qui part du centre et peut pointer vers n'importe quel point de la sphère. Pour un qubit, l'espace de Hilbert est donc $\mathbb{C}^2$.

$$|\psi\rangle = \begin{bmatrix} a_0 \\ a_1 \end{bmatrix}$$

Comme nous savons qu'en probabilités, la somme des probabilités est toujours égale à un, nous pouvons aussi écrire que :

$$\sqrt{|a_0|^2 + |a_1|^2} = 1$$

Pour ceux d'entre vous qui se rappellent un peu de leurs cours de mathématiques, on peut décomposer un vecteur dans une base canonique. La base canonique quantique serait donc, avec la notation de Dirac :

$$|0\rangle = \begin{bmatrix} 1 \\ 0 \end{bmatrix}, \qquad |1\rangle = \begin{bmatrix} 0 \\ 1 \end{bmatrix}$$

qui sont deux qubits un peu particuliers. Voici donc la décomposition du *ket* dans la base canonique :

$$|\psi\rangle = \begin{bmatrix} a_0 \\ a_1 \end{bmatrix} = a_0 \begin{bmatrix} 1 \\ 0 \end{bmatrix} + a_1 \begin{bmatrix} 0 \\ 1 \end{bmatrix} = a_0|0\rangle + a_1|1\rangle$$

Nous aboutissons bien à une superposition, qui donne un résultat de 0 avec une probabilité de $|a_0|^2$ et un résultat de 1 avec une probabilité de $|a_1|^2$.

Un autre vecteur important en Mécanique Quantique, c'est $\langle\psi|$ le vecteur transposé et complexe conjugué de $|\psi\rangle$, (hermitien conjugué pour les puristes) qu'on appelle le *bra*, (on prononce « bra psi »).

Le produit scalaire de deux vecteurs $|\psi\rangle$ et $|\phi\rangle$ s'écrit : $\langle\phi|\psi\rangle$. Petit jeu de mots de physicien : cela s'appelle un *bracket* !

Si on considère 2 qubits, leur espace de Hilbert est donc $\mathbb{C}^2 \otimes \mathbb{C}^2$, et comme $\mathbb{C}^2 \otimes \mathbb{C}^2$ est isomorphe à $\mathbb{C}^4$, on peut décomposer selon la base canonique correspondante :

$$|\psi\rangle = a_{00}|0,0\rangle + a_{01}|0,1\rangle + a_{10}|1,0\rangle + a_{11}|1,1\rangle$$

Avec $|0,0\rangle = |0\rangle\otimes|0\rangle$, etc.

Et la base canonique :

$$|0,0\rangle = \begin{bmatrix} 1 \\ 0 \\ 0 \\ 0 \end{bmatrix}, |0,1\rangle = \begin{bmatrix} 0 \\ 1 \\ 0 \\ 0 \end{bmatrix}, |1,0\rangle = \begin{bmatrix} 0 \\ 0 \\ 1 \\ 0 \end{bmatrix}, |1,1\rangle = \begin{bmatrix} 0 \\ 0 \\ 0 \\ 1 \end{bmatrix}$$

Tout cela peut se généraliser à un système de n qubits.

Cela va devenir un petit peu plus complexe, donc n'hésitez pas à relire les lignes précédentes pour bien maîtriser la notation et les concepts.

Nous allons passer maintenant sur un espace de Hilbert à *2n-dimensions*, pour représenter l'état d'un système de n qubits.

Notons $|i\rangle$, avec *i = 0 à 2n-1,* une base orthonormée de cette espace.

Nous pouvons alors décomposer le vecteur d'état de la manière suivante :

$$|\psi\rangle = \sum_{i=0}^{2n-1} a_i|i\rangle$$

avec $a_i = \langle i|\psi\rangle$.

Si $n = 1$, on retrouve la décomposition canonique :

$$|\psi\rangle = \begin{bmatrix} a_0 \\ a_1 \end{bmatrix} = a_0 \begin{bmatrix} 1 \\ 0 \end{bmatrix} + a_1 \begin{bmatrix} 0 \\ 1 \end{bmatrix} = a_0|0\rangle + a_1|1\rangle$$

Essayons de comprendre ce qui se passe lorsqu'on calcule les $a_i = \langle i|\psi\rangle$.

Cela revient à projeter $|\psi\rangle$ sur les vecteurs de la base orthonormée. Pour simplifier, imaginez, un espace à deux dimensions, le plan d'une feuille de papier, où vous tracez deux axes perpendiculaires (orthogonaux) abscisses et ordonnées. Pour positionner un point sur la feuille, vous pouvez le tracer à l'intersection de ses coordonnées dites de x et de y. Si vous tracez un trait entre l'origine (l'intersection des deux axes de coordonnées) et ce point, vous obtenez un vecteur. Les valeurs x et y sont ses projections sur les vecteurs de la base (les deux axes de coordonnés orthogonaux).

Nous avons donc :

$$|\psi\rangle = \sum_{i=0}^{2n-1} |i\rangle\langle i|\psi\rangle$$

On identifie alors $|i\rangle\langle i|$ comme un **projecteur** de $|\psi\rangle$ sur le vecteur de base $|i\rangle$. Par la suite, on le notera P_i.

Ces quelques bases de mathématiques quantiques posées, passons à la réalité de nos qubits.

Si on prend un électron, nous avons dit que son état quantique était représenté par son spin. On peut décrire le spin ½ (système à deux niveaux) de la manière suivante dans une sphère (dite Sphère de Bloch) :

$$\cos\frac{\theta}{2}|0\rangle + e^{-i\phi}\sin\frac{\theta}{2}|1\rangle$$

Sachant que : $0 \leq \theta \leq \pi$ et $0 \leq \phi \leq 2\pi$.

Notons que dans la Sphère de Bloch : $|0\rangle \cong (0,0,1)$, $|1\rangle \cong (0,0,-1)$

Si on bascule dans $\mathbb{R}^3$:

$$\begin{aligned} x &= \sin\theta * \cos\phi \\ y &= \sin\theta * \sin\phi \\ z &= \cos\theta \end{aligned}$$

On a des équations similaires pour la polarisation des photons.

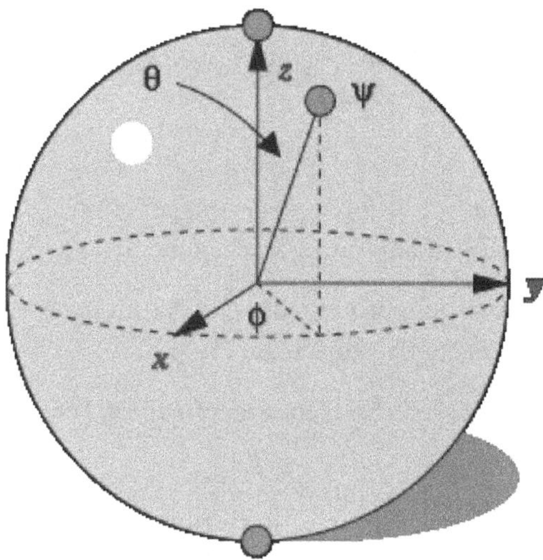

Figure 16 : État quantique dans Sphère de Bloch

LES QUBITS ONT LE SPIN

En mécanique quantique, les particules élémentaires qui constituent la matière qui nous entoure s'appelle des **fermions**. Les protons, les neutrons et les électrons sont des fermions.

J'ai parlé plusieurs fois du **spin** d'une particule. Le spin décrit, entre autre, le nombre de rotations nécessaire pour faire retourner une particule dans son état initial.

Tous les fermions ont un spin de 1/2. Cela signifie qu'il faut faire effectuer une rotation double (soit 720°) pour revenir à la configuration initiale de la particule, ce qui est assez difficile à expliquer en physique classique.

Il est possible d'écrire cet état par la combinaison linéaire de deux **eigenstates** qu'on appelle spin up $|{\uparrow}\rangle$ et spin down $|{\downarrow}\rangle$. En français, on parle d'**états propres**.

MESURE ET RÉDUCTION QUANTIQUE

Nous arrivons maintenant à un des principes fondamentaux de la physique quantique : la **mesure** d'un état. C'est aussi une des spécificités les plus ardues pour les architectes de ces nouveaux ordinateurs.

Si nous mesurons 3 qubits, nous obtenons 3 bits dont la probabilité est donnée par le carré de la magnitude du coefficient correspondant : par exemple la probabilité de mesurer '000' $= |a_0|^2$, celle de mesurer '001' $= |a_1|^2$, etc.

Ainsi, si on mesure un état quantique $(a_0, a_1, a_2, a_3, a_4, a_5, a_6, a_7)$, on obtient une distribution probabiliste classique :

$$(|a_0|^2, |a_1|^2, |a_2|^2, |a_3|^2, |a_4|^2, |a_5|^2, |a_6|^2, |a_7|^2)$$

On dit que l'état quantique s'est *effondré* (en anglais *collapsed*) ou qu'il a été *réduit* à un état classique (non quantique) à cause de la mesure.

Imaginons un système qui permette de mesurer un état $|\psi\rangle$. Ce système se modélise par un ensemble de projecteurs P_i.

On peut donc écrire qu'une fois la mesure effectuée, l'état change en $|\phi\rangle$:

$$|\phi\rangle = \frac{P_i|\psi\rangle}{\||P_i|\psi\rangle\|}$$

L'état $|\phi\rangle$ est donc bien aléatoire et non prédictif ! Il convient de répéter plusieurs fois la mesure pour obtenir une probabilité d'obtenir un certain résultat.

Même si un qubit peut exister dans un état de superposition arbitraire, mesurer son état donnera toujours un de ces deux eigenstates, $|0\rangle$ ou $|1\rangle$, ce qui se réduit donc à un bit.

Cela signifie que lors de sa mesure, le qubit perd en quelque sorte son caractère quantique et que cette mesure est irréversible (ce qui pose pas mal de problèmes dans la conception d'un ordinateur quantique et des algorithmes).

INTRICATION

Passons à un concept un peu plus complexe, l'intrication de deux qubits.

Ce paradoxe s'explique une fois de plus par les Mathématiques.

Prenons deux qubits et considérons arbitrairement que leur état quantique un peu particulier est le suivant :

$$|\psi\rangle = |0,0\rangle + |1,1\rangle$$

Il est impossible de décomposer mathématiquement cet état sous une forme de chaque état considéré séparément. En effet, il n'existe pas de (a_0, a_1, a_2, a_3) tels que :

$$|0,0\rangle + |1,1\rangle = (a_0|0\rangle + a_1|1\rangle) \otimes (a_2|0\rangle + a_3|1\rangle)$$

THÉORÈME DE HOLEVO

Je vais maintenant donner quelques informations supplémentaires sur le fameux Théorème de Holevo. C'est un concept qui est souvent assez mal expliqué et je vais essayer de le démystifier sans trop rentrer dans la démonstration mathématique qui est un peu difficile d'accès.

J'ai souvent lu ou entendu, au sujet du Théorème d'Holevo (on parle aussi communément de *Limite d'Holevo*), que n qubits ne pouvaient pas *coder* plus de n bits classiques. C'est faux.

J'ai moi-même utilisé dans l'ouvrage le terme *porter* pour simplifier la première lecture. Ce terme n'est pas correct non plus.

En effet, grâce au principe de superposition, il est possible de coder, de porter, une très grande quantité d'information binaire classique sur un système de n qubits. Mais, ce que prouve le Théorème d'Holevo c'est qu'il n'est possible de retrouver ou d'accéder qu'à un maximum de n bits.

Pour finir de déstabiliser le lecteur le plus assidu, je rajouterai qu'il faut 2^n-1 nombres complexes pour encoder les qubits nécessaires pour représenter n bits. Décidemment, l'Informatique Quantique est un mouton à 5 pattes !

LOGIQUE CLASSIQUE ET LOGIQUE QUANTIQUE

Avant même que les ordinateurs quantiques ne deviennent une réalité, les chercheurs ont travaillé sur la possibilité de créer une algorithmique quantique.

Tous les calculateurs actuels classiques sont basés sur les théories de la logique binaire. La question était de démontrer si un parallèle quantique était possible. La réponse est oui.

De manière simplifiée, il a été démontré, dès les travaux de Turing [10] et de Church [11] en 1936, qu'il était possible de traduire n'importe quelle fonction mathématique en un ensemble de fonctions binaires simples, appelées des **portes** (en anglais : *gates*).

L'informatique actuelle et tout particulièrement les microprocesseurs sont conçus et construits autour de cette notion.

Trois portes binaires simples (on parle aussi *d'opérateurs*) furent identifiées : deux à deux entrées – AND et OR - et une à une entrée, NOT. En logique binaire, on décrit souvent les opérateurs binaires grâce à leur table de vérité dont la lecture est aisée. Si on appelle a_1 et a_2 les données binaires en entrée, les tables de vérité s'écrivent de la manière suivante :

A_1	A_2	A_1 AND A_2
0	0	0
0	1	0
1	0	0
1	1	1

A_1	A_2	A_1 OR A_2
0	0	0
0	1	1
1	0	1
1	1	1

A_1	NOT A_1
0	1
1	0

On dit que ces 3 opérateurs sont *universels*.

Il est déjà intéressant et surprenant de constater que n'importe quel calcul sur n'importe quel nombre réel ou complexe (sous réserve qu'il soit décomposé en nombre binaire) peut s'exprimer par une combinaison de ces trois opérateurs binaires universels.

L'opérateur NOT se représente aussi de la manière suivante en théorie des graphes (nous y reviendrons en logique quantique) :

$$a_1 \quad \oplus \quad \text{NOT } a_1$$

Il est pourtant possible d'aller encore plus loin dans la simplification en introduisant un second type d'opérateurs binaires – NAND et NOR.

$$a_1 \text{ NAND } a_2 = \text{NOT } (a_1 \text{ AND } a_2)$$

$$a_1 \text{ NOR } a_2 = \text{NOT } (a_1 \text{ OR } a_2).$$

Les tables de vérité sont alors :

A_1	A_2	A_1 NAND A_2
0	0	1
0	1	1
1	0	1
1	1	0

A_1	A_2	A_1 NOR A_2
0	0	1
0	1	0
1	0	0
1	1	0

De manière remarquable, on démontre que n'importe quel calcul peut se réduire à une combinaison de portes (opérateurs) NAND uniquement (ou NOR uniquement). La porte NAND est devenue ainsi en quelques décennies la reine des microprocesseurs. Il suffit donc à leurs fabricants d'optimiser et de maîtriser la fabrication de la porte NAND.

Si l'opérateur n'est pas réversible, cela signifie que de l'information s'est perdue puisqu'on ne peut remonter aux données d'origine. Or, les lois de la Physique fondamentale dictent qu'il ne peut y avoir de perte d'information sans dissipation d'énergie. Cela signifie que même si on utilise la meilleure technologie et la meilleure conception de circuit, il restera toujours de l'énergie gaspillée qu'il faudra dissiper. Le niveau d'énergie par porte NAND peut sembler négligeable mais si vous le multipliez par le nombre de portes (des dizaines de millions) dans un microprocesseur moderne, cela devient une variable importante à prendre en compte.

Les fabricants ont donc cherché à travailler avec des opérateurs *réversibles* qui ne dissipent pas d'énergie due à la perte d'information.

L'opérateur NOT est réversible car il est possible de retrouver la donnée en entrée à partir du seul résultat. Il suffit en effet de réappliquer l'opérateur à lui-même.

Les opérateurs AND, OR, NAND et NOR ne sont pas réversibles pour une raison simple : on obtient un seul résultat alors qu'il y a deux entrées. Il est à l'évidence impossible de retrouver les deux entrées à partir du seul résultat.

Cette notion de réversibilité a des conséquences importantes en théorie de l'information (entropie) et en physique (énergie consommée). Les chercheurs ont donc proposé de nouveaux opérateurs comme le CNOT (ou XOR) qui est un NOT contrôlé par un bit.

A_1	A_2	A_1 **CNOT** A_2
0	0	0
0	1	1
1	0	1
1	1	0

L'opérateur CNOT se représente ainsi :

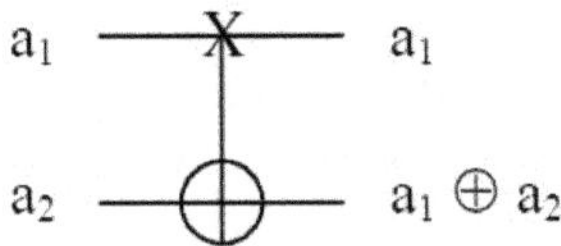

Il est bien réversible mais il n'est pas universel.

Le mathématicien Toffoli prouve en 1981 [12] qu'un opérateur similaire mais à trois entrées est universel : le CCNOT (on le note aussi T) qui se représente ainsi :

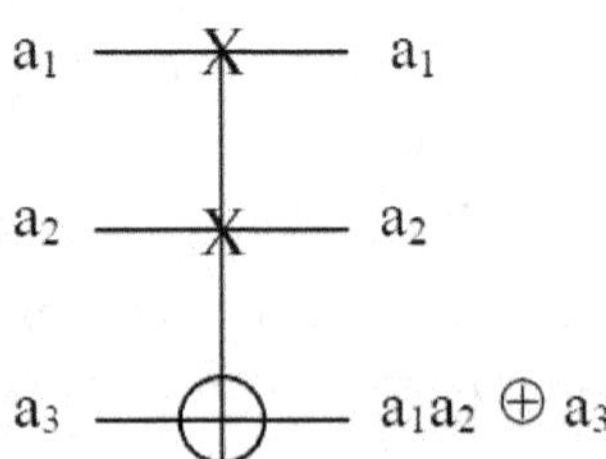

A_1	A_2	A_3	A_1,A_2 CCNOT A_3
0	0	0	0
0	0	1	1
0	1	0	0
0	1	1	1
1	0	0	0
1	0	1	1
1	1	0	1
1	1	1	0

Cet opérateur applique un NOT au 3ème bit si les deux premiers sont à 1.

Un autre opérateur intéressant est SWAP qui a deux représentations.

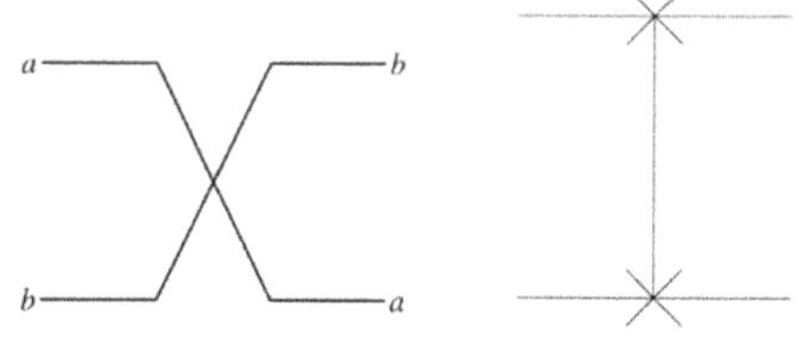

A_1	A_2	SWAP A_1	SWAP A_2
0	0	0	0
0	1	1	0
1	0	0	1
1	1	1	1

Ces quelques explications en logique binaire étaient nécessaires pour mieux comprendre ce qui se passe en logique quantique.

En 1985, le mathématicien Deutsch publie un article fondateur [13] sur l'existence de l'analogie quantique de la fameuse machine de Turing. Il est ainsi démontré que tout problème qui peut être simulé de manière classique peut aussi être simulé de manière quantique. L'opérateur de base, inversible, est la matrice unitaire qui conserve la norme.

Une matrice unitaire dans un espace vectoriel hermitien est un peu l'équivalent d'une matrice orthogonale dans un espace vectoriel euclidien. Tout produit de matrice unitaire est aussi unitaire (et donc inversible).

L'évolution d'un état quantique dans le temps est une matrice unitaire U, inversible, appliquée à l'état initial.

$$|\psi(t)\rangle = U|\psi(0)\rangle$$

Introduisons maintenant les Matrices de Pauli qui permettent de décomposer un qubit élémentaire.

$$I = \begin{bmatrix} 1 & 0 \\ 0 & 1 \end{bmatrix}, \qquad X = \begin{bmatrix} 0 & 1 \\ 1 & 0 \end{bmatrix}, \qquad Y = \begin{bmatrix} 0 & -i \\ i & 0 \end{bmatrix}, \qquad Z = \begin{bmatrix} 1 & 0 \\ 0 & -1 \end{bmatrix}$$

Notons que tous les opérateurs booléens (logiques) inversibles peuvent s'exprimer sous la forme d'une transformation unitaire.

Nous pouvons déjà transposer les opérateurs NOT et CNOT en logique quantique, sous la forme de matrices unitaires, qui sont capables de transformer des états en superposition :

$$U_{NOT} = \begin{bmatrix} 0 & 1 \\ 1 & 0 \end{bmatrix} \qquad U_{CNOT} = \begin{bmatrix} 1 & 0 & 0 & 0 \\ 0 & 1 & 0 & 0 \\ 0 & 0 & 0 & 1 \\ 0 & 0 & 1 & 0 \end{bmatrix} \qquad U_{SWAP} = \begin{bmatrix} 1 & 0 & 0 & 0 \\ 0 & 0 & 1 & 0 \\ 0 & 1 & 0 & 0 \\ 0 & 0 & 0 & 1 \end{bmatrix}$$

Remarquons que la Matrice de Pauli X semble équivalente à une porte NOT, ce qui n'est pas exactement vrai mais la démonstration sort du cadre de cet ouvrage.

Un autre opérateur fondamental et très utile est l'opérateur d'Hadamard, qui permet de créer une superposition à partir d'un eigenstate. Il peut s'écrire de la manière suivante :

$$U_H = \frac{1}{\sqrt{2}} \begin{bmatrix} 1 & 1 \\ 1 & -1 \end{bmatrix}$$

Son schéma est :

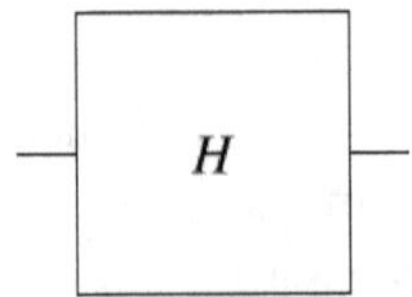

C'est selon moi l'opérateur quantique le plus important car il permet de générer les multiples états quantiques nécessaires pour tirer parti des particularités de l'Informatique Quantique. En effet, si on dispose d'un système de n qubits qu'on initialise à l'état $|0\rangle$ et qu'on applique à chacun son opérateur d'Hadamard, on obtient une superposition de n qubits contenant 2^n eigenstates.

L'opérateur CNOT présente trois caractéristiques très intéressantes.

Tout d'abord, il permet d'effectuer une mesure sur un qubit car il peut cloner les eigenstates d'un qubit (qui sont les seuls états clonables, rappelons-le). En effet :

Si a est $|0\rangle$ ou $|1\rangle$, alors

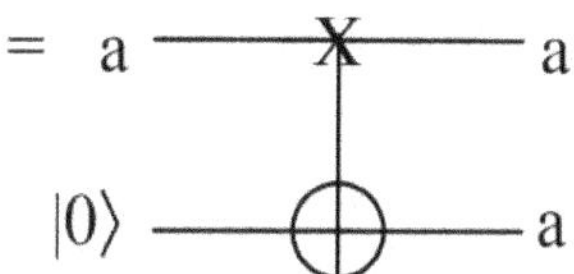

Ensuite, si le qubit n'est pas dans un de ses eigenstates mais au contraire dans un état de superposition (et donc non-clonable), l'opérateur CNOT permet de générer un état d'intrication comme on le voit sur le schéma ci-dessous :

$$|0\rangle - |1\rangle \quad \overset{\mathbf{X}}{\underset{\bigoplus}{\big|}} \quad \Big\} \quad |01\rangle - |10\rangle$$
$$|0\rangle$$

Cet opérateur, comme en logique classique, permet aussi d'effectuer des corrections d'erreur, ce qui est primordial en Informatique Quantique.

On aura aussi l'opérateur SWAP (noté S) et un opérateur particulier, dit de Fredkin (noté F) qui est un SWAP contrôlé par un troisième qubit.

Pour effectuer toutes les transformations possibles sur les qubits, il est nécessaire de disposer d'opérateurs de rotation et de changement de phase. Ces opérateurs ont la forme suivante (où $0 \leq \theta \leq 2\pi$) :

$$\begin{bmatrix} \cos\theta & \sin\theta \\ -\sin\theta & \cos\theta \end{bmatrix} , \quad \begin{bmatrix} e^{i\theta} & 0 \\ 0 & e^{-i\theta} \end{bmatrix}$$

NOTRE PREMIER CIRCUIT QUANTIQUE

Nous allons réaliser un additionneur de qubits. Cette fonction, même simple, nécessite un peu de réflexion et de prise en compte des contraintes de l'Informatique Quantique.

Cet additionneur doit accepter deux qubits $|x\rangle$ et $|y\rangle$ en entrée. Il doit aussi savoir gérer la retenue éventuellement transmise $|c\rangle$ en amont si nécessaire (et oui, on ne calcule que sur un seul qubit !). La somme des deux qubits sera $|s\rangle$ et la retenue reportée $|c'\rangle$.

Le schéma est le suivant :

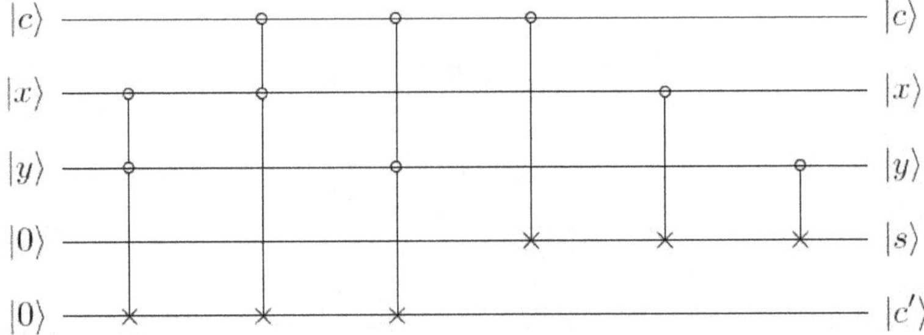

L'additionneur utilise donc des portes CNOT et CCNOT (dites de Toffoli, notées aussi T, notation la plus utilisée).

Un bon exercice consiste à effectuer le calcul matriciel correspondant à cet additionneur.

BIBLIOGRAPHIE

[1] P. Dirac, The Principles of Quantum Mechanics, Oxford University Press, 1930.

[2] J. v. Neumann, Mathematische Grundlagen der Quantenmechanik, Julius Springer, 1932.

[3] C. H. Bennett and G. Brassard, "Teleporting an Unknown Quantum State via Dual Classical and Einstein–Podolsky–Rosen Channels," *Physical Review Letters,* vol. 70, no. 13, pp. 1895-1899, 1993.

[4] D. P. DiVicenzo, "The Physical Implementation of Quantum Computation," *Fortschritte der Physik,* vol. 48, no. 9-11, pp. 771-783, 2000.

[5] A. S. Holevo, «Bounds for the quantity of information transmitted by a quantum communication channel,» *Problems of Information Transmission,* vol. 9, pp. 177-183, 1973.

[6] R. S. Ingarden, «Quantum Information Theory,» *Reports on Mathematical Physics,* vol. 10, p. 43–72, 1976.

[7] R. Feynman, «Simulating Physics with Computers,» *Internationl Journal of Theorical Physics,* vol. 21, n° %16/7, pp. 467-488, 1982.

[8] C. H. Bennett et G. Brassard, «Quantum Cryptography, Public Ley Distribution and Coin Tossing,» chez *International Conference on Computers, Systems & Signal Processing*, Bangalore, India, 1984.

[9] A. Harrow, A. Hassidim and S. Lloyd, "Quantum algorithm for olving linear systems of equations," *Phys. Rev. Lett.,* vol. 15, 2009.

[10] C. Beigbeder et C. Jurczak, «Les technologies quantiques sont en passe de révolutionner des pans entiers de l'économie,» *Le Monde,* 26 Mars 2019.

[11] A. Turing, «On computable numbers with an application to the Entscheidungs-problem,» *London Mathematics Society,* vol. Ser. 2, pp. 230-65, 1936.

[12] A. Church, «An unsolvable problem of elementary number theory,» *American Journal of Mathematics,* vol. 58, pp. 345-63, 1936.

[13] T. Toffoli, «Reversible Computing,» MIT Lab, 1980.

[14] D. Deutsch, «Quantum theory, the Church-Turing principle and the universal quantum computer,» chez *Proceedings Royal Society London*, 97-117, 1985.

[15] M. A. Nielsen and I. L. Chuang, Quantum Computation and Quantum Information, Cambridge University Press, 2000.

[16] D. R. Stinson, Cryptography: Theory and Practice, Chapman and Hall/CRC, 2005.

[17] Y. S. Chang, J. Lee et Y. S. Jung, «Are technology improvement rates of knowledge industries following Moore's law? An empirical study of microprocessor, mobile cellular, and genome sequencing technologies,» *International Journal of Technology Management,*, vol. 78, n° %13, pp. 182-207, 2018.

TABLE DES ILLUSTRATIONS

À PROPOS DE L'AUTEUR

Franck Franchin est un expert reconnu en cybersécurité et en technologies de l'information. Professeur en Masters et formateur en entreprises, il aime vulgariser les nouvelles technologies comme l'Intelligence Artificielle, l'Informatique Quantique ou la Cryptographie. Il a fondé plusieurs start-ups dans les domaines de la cryptographie et de la distribution de contenus numériques. Au cours de sa carrière, il a aussi assuré des responsabilités en innovation et en cybersécurité chez Orange, Vivendi et Thalès. Il est diplômé d'un MBA de l'ESCP, d'un Master en Informatique de CentraleSupélec et d'un Master en Électronique de l'ENSEEIHT.

www.ingramcontent.com/pod-product-compliance
Lightning Source LLC
LaVergne TN
LVHW010346200726
843507LV00010B/1664